……恪合集

……柳堂集

著

译林出版社

图书在版编目（CIP）数据

陈寅恪合集. 别集. 寒柳堂集 / 陈寅恪著. —南京：译林出版社，2023.7

ISBN 978-7-5447-9701-6

Ⅰ.①陈… Ⅱ.①陈… Ⅲ.①陈寅恪（1890-1969）- 文集 Ⅳ.①C52

中国国家版本馆CIP数据核字（2023）第075213号

陈寅恪合集：别集
寒柳堂集 陈寅恪 / 著

合集选编　江奇勇
出版创意　王训海
特约编审　徐海燕　徐　麟
责任编辑　韩继坤
特约编辑　吕冰心　胡　莉　王一冰
装帧设计　朱赢椿　杨杰芳
责任校对　孙玉兰
特约校对　徐佩兰　时舒敏
责任印制　颜　亮

出版发行　译林出版社
地　　址　南京市湖南路1号A楼
邮　　箱　yilin@yilin.com
网　　址　www.yilin.com
市场热线　025-86633278
排　　版　南京展望文化发展有限公司
印　　刷　南京新世纪联盟印务有限公司
开　　本　880毫米 × 1240毫米　1/32
印　　张　9
版　　次　2023年7月第1版
印　　次　2023年7月第1次印刷
书　　号　ISBN 978-7-5447-9701-6
定　　价　69.00元

陈寅恪合集

#《陈寅恪合集》前言

东汉以后学术文化，其重心不在政治中心之首都，而分散于各地之名都大邑，是以地方大族盛门乃为学术文化之所寄托。中原经五胡之乱，而学术文化保持不坠者，固有地方大族之力，而汉族学术文化变为地方化及家门化矣。故论学术，只有家学之可言，而学术文化与大族盛门常不可分离也。

陈寅恪《崔浩与寇谦之》

陈寅恪（一八九〇年至一九六九年），出身世家，幼承家学。陈氏义宁之学肇始于祖父陈宝箴，形成于父亲陈三立，兴盛并终结于陈寅恪。

一九〇二年春，未满十二周岁的陈寅恪遵父命走出陈氏家塾，随长兄衡恪东渡日本，以听讲生身份就读于东京弘文学院；一九〇四年，与其兄隆恪同时考取官费留日，仍留弘文学院读高中；一九〇五年秋，插班考入上海复旦公学，一九〇九年暑期肄业。随后，陈寅恪开始了在西方的游学生涯。他先后在德国柏林大学、瑞士苏黎世大学、法国巴黎高等政治学校（巴黎政治学院）、美国哈佛大学、德国柏林大学研究院求学研究，历十五年，虽未获取学位，但因博学盛名，于一九二五年受聘为清华学校研究院导师，与梁启超、王国维、赵元任并称“清华四大导师”。在中国学术界，陈寅恪被誉为“公子的公子，教授之教授”（郑天挺语），与吕思勉、陈垣、钱穆并称“史学四大家”（严耕望语）。经历之传奇，影响之巨大，震动学界。

一九九五年十二月，陆键东所著《陈寅恪的最后二十年》由北京三联书店出版，后成为畅销书。自此，学院派教授陈寅恪由学界推入民间，并成为话题。其中，陈寅恪撰《清华大学王观堂先生纪念碑铭》中意义的抉发阐述引发了公众的特别关注，陈著也风行一时。二〇〇一年，三联书店出版《陈寅恪集》十三种十四册，排版依陈寅恪一贯要求，繁体字竖排。

三联版《陈寅恪集》，虽经多次再版重印，刊行的数字始终与社会关注的热度相去甚远。耐人寻味的是，由陈寅恪弟子万绳楠教授根据听课笔记整理出版的《陈寅恪魏晋南北朝史讲演录》却畅销起来，至今不衰。究其原因，大概是繁体字竖排版式不合现代读者的阅读习惯，反倒是用简体字横排的由陈寅恪学生整理的听课笔记更平易近人。繁体竖排显然不利于陈著的传播，更不利于读者全面了解陈寅恪的学术成就。

二〇二〇年，陈寅恪著作权进入公有领域，我们精心选编了简体字横排版《陈寅恪合集》，让更多读者接近陈寅恪，阅读其著，体悟其思。

“综观陈寅恪的一生，有令人羡慕之才华与家学，亦有令人扼腕之失明与膑足。”（汪荣祖语）因此，陈著前后阶段表现出两种气象。我们遵其不同，分别以“史集”和“别集”呈现，以“陈寅恪合集”统摄之。

《陈寅恪合集》的内容，以陈寅恪生前审定的上海古籍版《陈寅恪文集》八种九册为基干，增补三联版《陈寅恪集》中含两晋南北朝课的《讲义集》，形成“史集”五册，“别集”五册，计九种十册。书目如下：《金明馆丛稿初编》《金明馆丛稿二编》《讲义集》《隋唐制度渊源略论稿》《唐代政治史述论稿》《元白诗笺证稿》《寒柳堂集》《柳如是别传》《诗存》。

全书内容调整和编辑体例如下：

一、全书内容除《讲义集》以三联版《陈寅恪集》为底本外，其余均以上海古籍版《陈寅恪文集》为底本。在编辑过程中，我们尽可能地对底本文字做了勘对，径改了其中存在的文字讹误。

二、所收内容略有调整。将三联版《讲义与杂稿》中杂稿部分调整至《寒柳堂集》，书名改作《讲义集》。将上海古籍版《寒柳堂记梦未定稿》与三联版《寒柳堂记梦未定稿（补）》合并为《寒柳堂记梦未定稿（增补）》，仍附《寒柳堂集》。《诗存》增加若干诗篇。

三、全书采用简体字横排。对异体字，除陈氏征引文献中的人名、地名、古籍名中的之外，均改用通行正字。

四、全书依据二〇一一年十二月发布的国家标准《标点符号用法》，对底本的原标点做了必要的调整和补充，尤其是考籍核典，尽可能全面、正确地添加了书名号。括号的使用参照上海古籍版，（）内文字仍为陈寅恪注，〔〕内文字仍为蒋天枢补。

值此陈寅恪先生逝世五十周年、诞辰一百三十周年之际，我们选编出版《陈寅恪合集》以表纪念。先生所撰《清华大学王观堂先生纪念碑铭》之结语，今实可为先生之铭词："先生之著述，或有时而不章。先生之学说，或有时而可商。惟此独立之精神，自由之思想，历千万祀，与天壤而同久，共三光而永光。"

全书由徐海燕女士主持编辑校对，朱赢椿先生主持装帧设计，王训海先生力主促成之厚谊，在此一并表示衷心感谢。

二〇一九年十月江奇勇敬识

《陈寅恪合集》总目

史集

别集

编者注：“史集”中，《隋唐制度渊源略论稿》《唐代政治史述论稿》合为一册；“别集”中，《柳如是别传》分上、中、下三册。

别集出版记言

本别集收录陈寅恪晚年研究明清文化重要著作《论〈再生缘〉》《柳如是别传》并陈氏诗作，侧重彰显先生的学人风范。

一九四四年底，陈寅恪刚完成《元白诗笺证稿》初稿，因“左眼视网膜剥离，致失明”。其《五十六岁生日三绝》第一首云：“去年病目实已死，虽号为人与鬼同。可笑家人作生日，宛如设祭奠亡翁。”读之凄绝。后赴英美求医，亦未能复明。这大概是陈氏史学研究再次转向的直接原因。

一九四九年春，陈寅恪应陈序经邀约，南下广州任教，但始终没有合适的助手，直至一九五二年十一月遇到黄萱。陈寅恪从未目睹其真容，却合作了长达十四年之久。面对“门风家学之优美”的黄萱，陈寅恪果断选择她为自己的合作者，并立即开启了新的研究课题。这一次，他的目光投向了明清才女：一个是钱塘才女陈端生，一个是秦淮才女柳如是。她们何以成为陈晚年研究的对象？可从其一九五二年的诗作中一探究竟。《男旦》诗云：“改男造女态全新，鞠部精华旧绝伦。太息风流衰歇后，传薪翻是读书人。”《偶观十三妹新剧戏作》中云：“涂脂抹粉厚几许，欲改衰翁成姹女。”

一九五三年九月，陈寅恪开始撰写《论〈再生缘〉》，翌年二月完成初稿。论文起首写道：“寅恪少喜读小说，虽至鄙陋者亦取寓目。……衰年病目，废书不观，唯听读小说消日，偶至《再生缘》一书，深有感于其作者之身世，遂稍稍考证其本末，草成此文。承平豢养，无所用心，忖文章之得失，兴窈窕之哀思，聊作无益之事，以遣有涯之生云尔。”（《寒柳堂集》）

一九五四年三月，陈开始撰写《钱柳因缘诗释证稿》，一九六四年夏初稿完成，后易名《柳如是别传》。《钱柳因缘诗释证稿》后附《稿竟说偈》："奇女气销，三百载下。孰发幽光，陈最良也。嗟陈教授，越教越哑。丽香群闹，皋比决舍。无事转忙，然脂暝写。成卌万言，如瓶水泻。怒骂嬉笑，亦俚亦雅。非旧非新，童牛角马。刻意伤春，贮泪盈把。痛哭古人，留赠来者。"《柳如是别传》后附《稿竟说偈》："刺刺不休，沾沾自喜。忽庄忽谐，亦文亦史。述事言情，悯生悲死。繁琐冗长，见笑君子。失明膑足，尚未聋哑。得成此书，乃天所假。卧榻沉思，然脂暝写。痛哭古人，留赠来者。"同年十二月为《论〈再生缘〉校补记》作序："《论〈再生缘〉》一文乃颓龄戏笔，疏误可笑。……所南《心史》，故非吴井之藏；孙盛《阳秋》，同是辽东之本。点佛第之额粉，久已先干；裹王娘之脚条，长则更臭。知我罪我，请俟来世。"透过《柳如是别传》(《钱柳因缘诗释证稿》)所附《稿竟说偈》和《论〈再生缘〉校补记》后序，结合一九五三年九月陈氏的诗作："孙盛《阳秋》海外传，所南《心史》井中全。文章存佚关兴废，怀古伤今涕泗涟。"一九六三年冬《别传》初稿草成时陈氏感赋律诗结语："明清痛史新兼旧，好事何人共讨论。"可以看出这两本著作不仅是陈氏撰写的明清之"痛史"，亦作者之"心史"。

一九五七年陈寅恪致友人信中曾特意谈及《别传》的撰写情况，他说："弟近来仍从事著述，然已捐弃故技，用新方法，新材料，为一游戏试验（明清间诗词，及方志笔记等）。故不同于乾嘉考据之旧规，亦更非太史公、冲虚道人之新说。"(《敦煌语言文字研究通讯》一九八八年第一期《忆陈寅恪先生》)一九六一年陈寅恪在答吴宓询问近况的七律中写道："留命任教加白眼，著书唯剩颂红妆。"吴宓一九六一年日记记载："寅恪之研究'红妆'之身世与著作，盖借此察出当时政治（夷夏）、道德（气节）之真实情况，盖有深意存焉。绝非消闲、风流之行事……"（《吴宓日记续编》V）《别传》完成之日，黄萱慨叹："寅师以失明的晚年，不惮辛苦，经之营之，勾稽沉隐，以成此稿。其坚毅之精神，真有惊天地泣鬼神的气概。"[《陈寅恪先生编年事辑》（增订本）一九六四年谱]

俞大维痛言："他平生的志愿是写成一部'中国通史'及'中国历史的教训'，如上所说，在史中求史识，因他晚年环境的遭遇，与双目失明，他的大作（Magnum Opus）未能完成，此不但是他个人的悲剧，也是我们这个时代的悲剧。"（《怀念陈寅恪先生》）本集收入的陈寅恪存留诗篇，颇能反映其生命的全过程，含咏品察，亦颇有"少陵诗史"的意味。

二〇一九年十月江奇勇敬识

别集

寒柳堂集

目次

论《再生缘》

寅恪少喜读小说，虽至鄙陋者亦取寓目。独弹词七字唱之体则略知其内容大意后，辄弃去不复观览，盖厌恶其繁复冗长也。及长游学四方，从师受天竺希腊之文，读其史诗名著，始知所言宗教哲理，固有远胜吾国弹词七字唱者，然其构章遣词繁复冗长，实与弹词七字唱无甚差异，绝不可以桐城古文义法及江西诗派句律绳之者，而少时厌恶此体小说之意遂渐减损改易矣。又中岁以后，研治元白长庆体诗，穷其流变，广涉唐五代俗讲之文，于弹词七字唱之体，益复有所心会。衰年病目，废书不观，唯听读小说消日，偶至《再生缘》一书，深有感于其作者之身世，遂稍稍考证其本末，草成此文。承平豢养，无所用心，忖文章之得失，兴窈窕之哀思，聊作无益之事，以遣有涯之生云尔。

关于《再生缘》前十七卷作者陈端生之事迹，今所能考知者甚少，兹为行文便利故，不拘材料时代先后，节录原文，并附以辨释于后。

《再生缘》第二十卷第八十回末，有一节续者述前十七卷作者之事迹，最可注意。兹移写于下。至有关续者诸问题，今暂置不论，俟后详述之。其文云：

> 《再生缘》，接续前书《玉钏缘》。业已词登十七卷，未曾了结这前缘。既读（“读”疑当作“续”）前缘缘未了，空题名目再生缘。可怪某氏贤闺秀，笔下遗留未了缘。后知薄命方成忏（“忏”疑当作“谶”），中路分离各一天。天涯归客期何晚，落叶惊悲再世缘。我亦缘悭甘茹苦，悠悠卅载悟前缘。有子承欢万事定（“定”疑当作“足”），心无挂碍洗尘缘。有感

《再生缘》者作（“者作”疑当作“作者”），半途而废了生前。偶然涉笔闲消遣，巧续人间未了缘。

寅恪案：所谓“《再生缘》，接续前书《玉钏缘》”者，即指《玉钏缘》第三十一卷中陈芳素答谢玉辉之言“持斋修个再生缘”及同书同卷末略云：

却说谢玉辉非凡富贵，百年之后，夫妻各还仙位。唯有〔郑〕如昭情缘未断，到元朝年间，又临凡世。更兼芳素痴心，宜主怜彼之苦修，亦断与驸马（指谢玉辉）为妾。谢玉辉在大元年间，又干一番事业，与如昭芳素做了三十年恩爱夫妻，才归仙位。陈芳素两世修真，也列仙班，皆后话不提。

及同书同卷结语所云“今朝玉钏良缘就，因思再做巧姻缘”等而言。故陈端生作《再生缘》，于其书第一卷第一回，开宗明义，阐述此意甚详，无待赘论。所可注意者，即续者“可怪某氏贤闺秀，笔下遗留未了缘。后知薄命方成谶，中路分离各一天。天涯归客期何晚，落叶惊悲再世缘”之语，盖《再生缘》在当时先有流行最广之十六卷本，续者必先见之，故有“可怪”之语。其后又得见第十七卷或十七卷本，故有“后知”之语，然续者续此书时，距十六卷本成时，约已逾五十年。距第十七卷成时，亦已四十余年。（说详下。）虽以续者与原作者有同里之亲，通家之谊，犹不敢显言其姓名，仅用“某氏贤闺秀”含混之语目之，其故抑大可深长思也。

陈端生于《再生缘》第十七卷中，述其撰著本末，身世遭际，哀怨缠绵，令人感动，殊足表现女性阴柔之美。其才华焕发，固非“福慧双修”，（见下引陈文述《题陈长生绘声阁集诗》。此四字甚俗，颐道居十固应如是也。一笑。）随园弟子巡抚大人之幼妹秋谷所能企及，即博学宏词文章侍从太仆寺卿之老祖句山，亦当愧谢弗如也。兹特移录其文稍详，不仅供考证之便利，兼可见其词语之优美，富于情感，不可与一般弹词七字唱之书等量齐观者也。

《再生缘》第十七卷第六十五回首节（坊间铅印本删去此节）云：

搔首呼天欲问天，问天天道可能还。尽尝世上酸辛味，追忆闺中幼稚年。姊妹联床听夜雨，椿萱兮（"兮"疑当作"分"）韵课诗篇。隔墙红杏飞晴雪，映榻高槐覆晚烟。年（"年"疑当作"午"）绣倦来犹整线，春茶试罢更添泉。地邻东海潮来近，人在蓬山快欲仙。空中楼阁千层现，岛外帆樯数点悬。侍父宦游游且壮，蒙亲垂爱爱偏拳。风前柳絮才难及，盘上椒花颂未便。管隙敢窥千古事，毫端戏写再生缘。也知出岫云无意，犹像穿窗月可怜。写几回离合悲欢奇际会，写几回忠奸贵贱险波澜。义夫节妇情何极，自然憔悴堂萱后，（寅恪案：此句疑当删去，而易以"孝子忠臣性自然"一句，盖作者取《玉钏缘》卷首诗意，成此一句也。传钞者漏写"孝子忠臣性"五字。又见下文有"自从憔悴堂萱后"七字，遂重复误写欤？今见郑氏钞本此句作"死别生离志最坚"，可供参考。）慈母解顺（"顺"疑当作"颐"）频指教，痴儿说梦更缠绵。自从憔悴堂萱后，遂使芸缃彩华（"华"疑当作"笔"）捐。刚是脱靴相验看，未成射柳美因缘。庚寅失恃新秋月，辛卯疑（"疑"疑当作"旋"）南首夏天。归棹夷犹翻断简，深闺闲暇待重编。

由来蚤觉禅机悟，可奈于归俗累牵。幸赖翁姑怜弱质，更忻夫婿是儒冠。挑灯半（“半”疑当作“伴”）读茶沸（“沸”疑当作“汤”。郑氏钞本作“茶声沸”更佳）废，刻烛催诗笑语联。锦瑟喜同心好合，明珠蚤向掌中悬。亨衢顺境殊乐安（“乐安”疑当作“安乐”），利锁名缰却挂牵。一曲京（“京”疑当作“哀”。郑氏钞本作“惊”。亦可通）弦弦顿绝，半轮破镜镜难圆。失群征（寅恪案：“征”字下疑脱四字。如非脱漏，则“征”字必误也。郑氏钞本作“失群征雁斜阳外”，是。）羁旅愁人绝塞边。从此心伤魂杳渺，年来肠断意尤煎。未酬夫子情难已，强抚双儿志自坚。日坐愁城凝血泪，神飞万里阻风烟。送(“送”疑当作“遂”)如射柳联姻后，好事多磨几许年。岂是蚤为今日谶，因而题作再生缘。日中镜影都成验，（寅恪案：此句疑用《开天遗事》宋璟事。）曙后星孤信果然。惟是此书知者久，浙江一省遍相传。髫年戏笔殊堪笑，反胜那，沦落文章不值钱。闺阁知音频赏玩，庭帏尊长尽开颜。谆谆更嘱全终始，必欲使，凤友鸾交续旧弦。皇甫少华谐伉俪，明堂郦相毕姻缘。为他既作氤氲使，莫学天公故作难。造物不须相忌我，我正是，断肠人恨不团圆。重翻旧稿增新稿，再理长篇续短篇。岁次甲辰春二月，芸窗仍写再生缘。悠悠十二年来事，尽在明堂一醉间。

同书同卷第六十八回末节（坊间铅印本删去此节）云：

八十张完成一卷，慢慢的，冰弦重拨待来春。知音爱我休催促，在下闲时定续成。白芍霏霏将送腊，（郑氏钞本“芍”作

“雪”。详见后附《校补记》。）红梅灼灼欲迎春。向阳为趁三年日，（郑氏钞本“年”作“竿”，自可通。）入夜频挑一盏灯。仆本愁人愁不已，殊非是，拈毫弄墨旧如心（“如”疑当作“时”）。其中或有差讹处，就烦那，阅者时加斧削痕。

据作者自言“羁旅愁人绝塞边”及“日坐愁城凝血泪，神飞万里阻风烟”，又续者言“后知薄命方成谶，中路分离各一天。天涯归客期何晚，落叶惊悲再世缘”，是陈端生之夫有谪戍边塞，及夫得归而端生已死之事也。检乾隆朝史乘及当时人诗文集，虽略有所考见，但仍不能详知其人其事之本末。今所依据之最重要材料，实仅钱塘陈云伯文述之著述。文述为人，专摹拟其乡先辈袁简斋，颇喜攀援当时贵势，终亦未获致通显。其最可笑者，莫如招致闺阁名媛，列名于其女弟子籍中，所谓“春风桃李群芳谱”者是也。（见文述撰《颐道堂诗选》二二《留别吴门》诗及此诗中文述自注。）然文述晚岁，竟以此为多罗贝勒奕绘侧室西林太清春（顾春字子春，号太清，实汉军旗籍也）所痛斥，遂成清代文学史中一重可笑之公案。今移录太清所撰《天游阁集》第四卷中关涉此事者于后，非仅欲供谈助，实以其中涉及续《再生缘》事，可资参证也。其文如下：

钱塘陈叟，字云伯者，以仙人自居，（寅恪案：云伯以碧城仙馆自号，其为仙也，固不待论。又其妻龚氏字羽卿，长女字萼仙，次女字苕仙，亦可谓神仙眷属矣。一笑。）著有《碧城仙馆诗钞》，中多绮语，更有碧城女弟子十余人，代为吹嘘。去秋曾托云林（寅恪案：云林者，钱塘许宗彦及德清梁德绳之女，适休宁孙承勋，与文述子裴之即芹儿之妻汪端，为姨表姊妹。可参陈寿祺《左海文集》一〇《驾部许君墓志铭》及《闵尔昌碑传集补》五九阮元撰《梁恭人传》。但阮元文中“休宁”作“海阳”，盖用休宁旧名也。又《颐道堂诗选》一〇有〔嘉庆十七年壬申〕二月初五日为芹儿娶妇及示芹儿并示新妇汪端诗，同书二三复有〔道光七年〕丁亥哭裴之诗，《西泠闺咏》一五《华藏室咏许因姜云姜》及同书一六《题子妇汪端〈自然好学斋〉诗后》两七律序语等，皆可参证。至于汪端，则其事迹及著述，可考见者颇多，以与本文无关，故不备录）以莲花筏（笺?）一卷、墨二锭见赠，余因鄙其为人，避而不受，今见彼寄云林信中有西林太清题其春明新咏一律，并自和原韵一律。（寅恪案：今所见《春明新咏》刊本，其中无文述伪作太清题诗及文述和诗，殆后来删去之耶?）此事殊属荒唐，尤觉可笑。不知彼太清此太清是一是二？遂用其韵，以记其事。含沙小技太玲珑，野鹜安知澡雪鸿。绮语永沉黑暗狱，庸夫空望上清宫。碧城行列休添我，人海从来鄙此公。任尔乱言成一笑，浮云不碍日光红。

寅恪案：文述所为，虽荒唐卑鄙，然至今日观之，亦有微功足录，可赎其罪者，盖其人为陈兆仑族孙，又曾获见端生妹长生。其所著《颐道堂集》、《碧城仙馆诗钞》及《西泠闺咏》中俱述及端生事。今移录其文于下：

陈文述《颐道堂诗外集》六（国学扶轮社刊《碧城仙馆诗钞》九）载：

题从姊秋谷（长生）绘声阁集七律四首

浓香宫麝写乌丝，题遍班姬鲍妹诗。一卷珠玑传伯姊，六朝金粉定吾师。碧城醒我游仙梦，绣偈吟君礼佛词。记取宣南坊畔宅，春明初拜画帘迟。

湖山佳丽水云秋，面面遥山拥画楼。纱幔传经慈母训，璇玑织锦女兄愁。龙沙梦远迷青海，（自注：长姊端生适范氏，婿以累谪戍。寅恪案："累"，《碧城仙馆诗钞》作"事"。）鸳牒香销冷玉钩。（自注：仲姊庆生早卒。）争似令娴才更好，金闺福慧竟双修。

碧浪蘋香一水（"一水"，《碧城仙馆诗钞》作"水一"）涯，韦郎门第最清华。传来鹦鹉帘前语，绣出芙蓉镜里花。梅笑遗编寒树雪，蘩香诗境暮天霞。（自注：两姑皆有诗集。梅笑，周太恭人集名，蘩香，李太恭人集名。）更闻群从皆闺秀，（自注：娣周星薇，长姑淑君，小姑渚蘋，皆能诗。）咏絮何劳说谢家。

绘水由来说绘声，玉台诗格水同清。偶从寒夜烧灯读，如听幽泉隔竹鸣。江上微波秋瑟瑟，画中远浦月盈盈。仙郎纵有凌云笔（"笔"，《碧城仙馆诗钞》作"赋"），作赋（"作赋"，《碧城仙馆诗钞》作"起草"）还劳翠管评。

又《西泠闺咏》一五云：

绘影阁咏家□□

□□名□□，句山太仆女孙也。适范氏。婿诸生，以科场事为人牵累谪戍。因屏谢膏沐，撰《再生缘》南词，托名女子郦明堂，男装应试及第，为宰相，与夫同朝而不合并，以寄别凤离鸾之感。曰，婿不归，此书无完全之日也。婿遇赦归，未至家，而□□死。许周生梁楚生夫妇为足成之，称全璧焉。"南花北梦江西九种"，梁溪杨蓉裳农部语也。"南花"谓《天雨花》，"北梦"谓《红楼梦》，谓二书可与蒋青容九种曲并传。《天雨花》亦南词也，相传亦女子所作，与《再生缘》并称，闺阁中咸喜观之。（寅恪案：蒋瑞藻《小说考证续编》一"《再生缘》"条引《闺媛丛谈》，其文全出自《西泠闺咏》。又王韬《淞隐漫录》十七卷附《闺媛丛录》一卷。寅恪未得见其书，不知是否即蒋氏所引者。并可参考邓之诚先生《骨董琐记》五"南词《再生缘》"条。）

红墙一抹水西流，别绪年年怅女牛。金镜月昏鸾掩夜，玉关天远雁横秋。苦将夏簟冬釭怨，细写南花北梦愁。从古才人易沦谪，悔教夫婿觅封侯。

上引陈氏两书皆关涉端生及其夫范某之主要材料，两者内容大抵相同，而《西泠闺咏》较为详尽。今考定此等记载写成年月，并推求其依据之来源，更参以《清实录》、《清会典》、清代地方志及王昶《春融堂集》、戴佩荃《蘋南遗草》、陆燿《切问斋集》等，推论端生之死及范某赦归之年。固知所得结论未能详确，然即就此以论《再生缘》之书，亦可不致漫无根据，武断妄言也。《西泠闺咏》一五《咏端生诗》之前，其第六题即为《绘声阁咏家秋谷》者，其诗中既有"香车桂岭青山暮"之句，其序中复载"归叶琴柯中丞"之语。琴柯者，绍楏之字（可参《湖海诗传》四〇、《两浙辅轩续录》一六、《晚晴簃诗汇》一〇八等书“叶绍楏小传”)。李桓《耆献类征》一九六《疆臣类》四八载绍楏本末颇详。绍楏于嘉庆二十二年由广西布政使擢广西巡抚，二十五年被议降级解职，其次年即道光元年病卒。然则《西泠闺咏》此节必成于嘉庆二十二年任巡抚以后，始得称绍楏为“中丞”。“中丞”者，御史中丞之简称。清代巡抚兼带右副都御史之衔名，故习俗以“中丞”称巡抚。据此，则文述咏陈长生之诗，距其全书完成之时代，不能超过十年之久也。(《西泠闺咏》作者自序所题年月为道光丁亥闰五月，即道光七年也。)以通常行文之例言，长生应列于其姊端生之后，今不尔者，殆文述咏长生诗既成后，始牵连咏及端生，遂致列姊于妹后耶？若果如是者，则文述咏端生之诗，其作成之时亦当与道光七年相距甚近也。此点关涉《再生缘》续者之问题，俟后更详论之。至其称杨芳灿为“杨蓉裳农部”，则芳灿因其仲弟授甘肃布政使，援引道府以上同祖以下兄弟同省回避之例（参《清会典事例》四七《吏部·汉员铨选》“亲族回避”等条），已由甘肃外职改捐员外郎，在户部广东司行走。其时至少在嘉庆三年以后（见《碑传集》一〇八赵怀玉撰《杨君芳灿墓志铭》)。若更精密言之，则至少在嘉庆六年文述与芳灿在京师相识以后也（见下引芳灿《送云伯序》)。文述咏端生之诗作成时代颇晚，又得一旁证矣。

关于文述《题绘声阁集》诗四首，其第二首最关重要，置后辨释。其余三首依次论证之。

第一首诗

第一首中最关重要者，在文述初次得见陈长生年月，并文述见长生是否多次等问题。此等问题可取两事，即（一）文述初次随阮元入京及第二次会试入京之年月，与（二）长生于此两时间适在北京，有遇见文述之可能，参合推定之于下。

杨芳灿《芙蓉山馆文钞》二《送陈云伯之官皖江序》略云：

嘉庆辛酉（六年）余与云伯相见于都下。于兹五阅寒暑矣。同人惜别，赠言盈箧。余与陈编修用光、查孝廉揆俱为序引，时丙寅（嘉庆十一年）新正谷日也。

又《颐道堂文钞》一《颐道堂诗自序》略云：

嘉庆丙辰（元年）仪征阮伯元先生视学浙江。越二年戊午（嘉庆三年）从先生入都。明年（嘉庆四年己未）又从至浙。越二年（嘉庆六年辛酉）又以计偕入都，居京师者五年。

又《颐道堂诗选》一五略云：

余自辛酉（嘉庆六年）至乙丑（嘉庆十年）京师旧作多琴河李晨兰女士加墨。（寅恪案：今所见《碧城仙馆诗钞》十卷，后附有李元垲跋，所题年月为嘉庆〔十年〕乙丑秋七月。可与上引杨芳灿文参证。）重莅琴河，女士下世已十五年矣。感赋。（诗略）

寅恪案：文述第一次至京为嘉庆三年，出京为嘉庆四年。第二次至京为嘉庆六年，出京为嘉庆十一年正月。第二次即文述所谓"居京师者五年"是也。第一次在京之时间，虽远不及第二次之长久，然鄙意文述之获见长生实在第一次。所以如此推论者，文述为人喜攀援贵势，尤喜与闺阁名媛往还。长生为兆仑孙女，本与文述有同族之亲，况以袁随园女弟子之声名，叶琴柯编修夫人之资格，苟长生此时适在京师，而文述不急往一修拜谒之礼者，则转于事理为不合矣。至于长生适在北京与否之问题，可以依据叶绍楏历官及居京之年月推定之也。

《耆献类征》一九六《疆臣类》四八《叶绍楏传》略云：

> 叶绍楏，浙江归安人。乾隆五十年由举人于四库馆议叙，授内阁中书。五十三年丁母忧。五十五年服阕，补原官。五十八年进士，改庶吉士。六十年散馆授编修。嘉庆三年二月大考二等，五月充日讲起居注官。四年二月改河南道监察御史，四月命巡视南城。五年转掌江西监察御史。六年五月充云南乡试正考官，八月命提督云南学政。九年差竣回京。十年命巡视天津漕务。十一年六月升工科给事中。

寅恪案：叶绍楏与陈长生从何时起同在京师，乃一复杂之问题，详见下文第二首诗中考辨《织素图》绘成之时间一节，今暂不置论。惟可断言者，嘉庆三年文述初次随阮元入京时，长生必已在京师，因绍楏已任职翰林院编修，长生自必随其夫居都城也。文述第一次于嘉庆三年随阮元入京，四年又随元出京。文述往谒长生，当即在三年初次入京之时，而赋此四诗当更在谒见之后，谒见与赋诗并非同时。颇疑文述止一度晤见长生，其《题绘声阁集》四律，实非以之为拜谒之贽，不过晤见之后追写前事，呈交长生夫妇阅览者。观诗中“记取宣南坊畔宅，春明初拜画帘迟”之语，可以推见也。又若文述得见长生不止一次者，则以碧城仙馆主人性好招摇标榜之习惯推之，必有更多诗什赋咏其事，而不仅此四律而已也。或者文述当日所为，长生夫妇已有所闻知，遂厌恶畏避，不敢多所接待耶？

诗中所谓“碧城醒我游仙梦”者，碧城仙馆文述自号也。其诗集即取以为名。“绣偈吟君礼佛词”者，长生曾作礼佛词六首，刊入《随园女弟子诗集》卷四中，早已流行，文述盖见之久矣，决非长生以己所著诗集示之也。

第三首诗

第三首盛夸长生夫家女子能诗者多。文述此所取材，究从叶氏《织云楼诗合刻》，抑从袁简斋《随园诗话补遗》三“吾乡多闺秀，而莫盛于叶方伯佩荪家”至“陈夫人之妹淡宜（此语有误，辨见论第二首诗节）亦工诗”等六条(《随园诗话补遗》所以多谬误者，盖由简斋身殁之后，《补遗》方始刊行也。简斋殁于嘉庆二年。参《碑传集》一〇九孙星衍撰《袁枚传》)转录而来，虽难确定，但今以沈湘佩《名媛诗话》四“织云楼合刻为归安叶氏姑妇姊妹之作”条考之，（前南京国学图书馆总目所载，《织云楼诗合刻》仅有周映清《梅笑集》一卷，误作“笑梅集”，及李含章《蘩香诗草》一卷，皆云“嘉庆刻”。又孙殿起《丛书目录拾遗总目》六有《织云楼诗合刻》，其中亦止此两集。但云“乾隆间刊”。岂此数集合刻先后陆续刊行耶？抑书目记录有误耶？寅恪未见合刻全书，故不得已而依沈书也。）知叶令昭即蘋渚（文述诗作“渚蘋”)所作在附刻中，则可推定文述实已及见《织云楼诗合刻》，或更参以《随园诗话补遗》，盖文述此四首诗本为谒见长生之后追记前事而作，前论第一首诗已及之矣。既是追记之作，则可取关涉长生夫家闺秀之材料杂糅而成，并非长生以其夫家闺秀之诗集出示文述，此又可断言者也。至于“碧浪蘋香一水涯，韦郎门第最清华”者，可参戴璐

《藤阴杂记》三所载“湖州碧浪湖建万魁塔”条。此条即涉及叶绍楏。文述于《西泠闺咏》一三《湖上咏周暎清李含章叶令仪陈长生周星微诗》“碧浪湖波浸晚霞”（文述此诗序中述《叶氏织云楼诗合刻》，仅及此五人，而不及令昭。《西泠闺咏》自序题道光丁亥，即道光七年，时代颇晚。据此可知文述叙叶氏闺秀诗集，去取实不依据一种材料也）及同书一五《绘声阁咏家秋谷诗》“画舫莲庄碧浪遥”之句亦皆指此而言也。又据光绪《重修归安县志》五《舆地略》五“水门碧浪湖”条及同书八《舆地略》八“古迹门白蘋洲”条，则碧浪湖白蘋洲之地为叶氏家园所在，文述所咏固甚切实，而叶令昭之字蘋渚及戴佩荃之字蘋南，皆与此语有关，非仅用古典矣。

第四首诗

第四首第七句“仙郎纵有凌云笔”，固通常赞美绍楏之泛语，然据上引《耆献类征》一九六《叶绍楏传》，知绍楏以翰林院编修于嘉庆三年二月大考二等，五月充日讲起居注官。六年五月充云南乡试正考官，八月命提督云南学政。九年差竣回京。在此时间绍楏实为文学侍从司文典学之臣，故诗语颇为允切，可推见此四诗当是嘉庆三年至十年间之作。“江上微波秋瑟瑟”之句，即后来文述于《西泠闺咏》一五《绘声阁咏家秋谷》诗所谓“微波吟煞夕阳桥”者也。

总之，此等诗皆足征文述未尝与长生有何密切往来详悉谈话之事，要不过以族弟之资格一往谒见而已。故文述所记长生姊端生事，当必从他处探访得知，非出自长生口述，其记端生事及梁德绳续《再生缘》事，或过于简略，或有错误，实无足异也。

第二首诗

第二首乃四首诗中最有价值、又最难确定者。兹先论其不甚重要及易解释之句。“纱幔传经慈母训”者，据端生、长生之祖陈兆仑所著《紫竹山房文集》一五《显妣沈太宜人行述》略云：

孙玉敦，聘汪氏，原任刑部河南司郎中云南大理府知府加二级起岩公女。

又同集附兆仑侄玉绳所编《年谱》“乾隆十五年庚午”条下云：

次子之妻兄秀水汪孟鋗弟仲鈖亦中式。

寅恪案：汪起岩，不知何名，道光十五年修《云南通志稿》一一九《秩官志》载：

汪上堉，秀水人，贡生，乾隆十年任云南府知府。

疑是此人。盖上堉颇有先后任云南省首府云南府及大理府知府之可能也。端生、长生之文学与其母有关，自不待论。即《再生缘》中孟丽君、苏映雪、刘燕玉、皇甫少华等主要人物，皆曾活动于云南省之首府，当亦因作者之外祖曾任云南省首府知府，其母或侍父宦游得将其地概况告之端生姊妹，否则《再生缘》中所述他处地理错误甚多，而云南不尔者，岂复由于“慈母训”所致耶？“鸳牒香销冷玉钩”句下文述自注云：

仲姊庆生早卒。（前文已引，今重录之，以便省览。）

寅恪案：《紫竹山房文集》一八《先府君〔暨〕先妣沈太夫人合葬墓志》略云：

孙玉万娶吴氏，妾林氏。玉敦娶汪氏，妾施氏。曾孙女三：

端、庆、长。

及同书同卷《先祖府君〔暨〕祖妣秦太夫人合葬墓志》云：

元孙女三：端、庆、长。

然则庆生乃端生之妹、长生之姊，似亦与端生、长生同为玉敦嫡室汪氏所出。庆生早死，他种材料未见此事，唯文述此诗及之，此亦可注意者也。玉敦侧室施氏有无子女，尚待详考。至于《杭郡诗辑续集》四三有陈淡宜《都中寄姊》七律一首，其《小传》云：

淡宜，钱塘人，长生妹。

但其诗全同于叶佩荪次女令嘉字淡宜答淑君姊之什（参《织云楼诗合刻》及潘衍桐《两浙輶轩续录》五二《闺秀类》）。长生为佩荪长媳，淡宜为佩荪次女，吴振棫见《随园诗话补遗》第三卷有"陈夫人之妹淡宜"一语，因有不确之记载。《随园诗话》之误或由于刊写不慎，遂致辗转讹小姑为小妹，殊可笑也。辨释第二首诗中易解者已竟，兹请次论其难确定者，即陈端生卒于何年及范某以何年遇赦获归。此两事之时间相距至近，可以取其一事之年月，以推定其他一事之时代也。

此诗中最有价值记载为述及陈端生婿范某之案。但所述全同于《西泠闺咏》一五《绘影阁咏家□□》序中所言，而《西泠闺咏》转较此为详，是《西泠闺咏》之文亦较此为有价值也。此两记载虽不能确定文述何年所写，鄙意《西泠闺咏》之记载写在端生已卒、范某已归之后，时代较此首诗为晚，自无问题。至此首诗中文述自注涉及端生范某者，初视之，似在端生未卒之前；细思之，当亦在端生已卒，范某已归之后。何以言之？范某一案，如下文所引材料，知为当日最严重事件。无论文述作诗不敢言及，即敢言及亦为长生所不喜见者，而文述自不便牵涉及之也。(《织素图》乃陈长生、戴佩荃闺阁挚友间绘画题咏之事，不可以出示外人者。戴璐《吴兴诗话》不录长生挽佩荃两诗中涉及《织素图》之一首，殆亦由诗语过于明显故耶?）今此首诗八句中即有两句涉及端生，可依此推论作诗之时，端生已死，范某已归。此案既无问题，诗语涉及亦无妨碍。此点正与陈桂生请王昶为其祖诗文集作序之事同一心理，同一环境。俟于下文详辨证之也。

陈端生之卒年虽甚难确定，然有一旁证，得知端生至少在乾隆五十四年秋间犹生存无恙，可据下引材料推测决定也。

戴佩荃《织素图次韵》诗云：

貌出青娥迥轶尘，淡妆不逐画眉新。分明锦字传苏蕙，绝胜崔徽传里人。

轧轧声频倦下机，讵将远梦到金微。西风听彻塞砧急，霜叶檐前尽乱飞。

十三学得厌弹筝，颇耐西南渐有声。女手掺掺劳永夜，七襄取次报章成。

又陈长生挽戴蘋南（佩荃）诗云：

桂花香满月圆初，惊说乘风返碧虚。料得广寒清净地，修文正待女相如。(此首亦见戴璐《吴兴诗话》一二，但无第二首。殆有所隐讳而不录耶?)

尺幅生绡点染新，十行锦字为传神。而今留得清吟在，说与图中织素人。

上引戴佩荃、陈长生之诗，当载于《蘋南遗草》。寅恪未见原书，仅间接从梁乙真《清代妇女文学史》第二编第四章所引得知。

又戴佩荃之父戴璐所著《吴兴诗话》一二略云：

文人薄命，才女亦然。余女佩荃，字蘋南，幼慧学吟，长工书画。适赵日照。随翁鹿泉先生西江使署。忽画长亭分别，神貌如生，并系以诗。未几殁，年仅二十三。余哭以诗，一夕成二十三章。最痛者云："凄绝霜高夜向阑，无言呜咽泪珠弹。岂期马角无生日，望断庐峰面面峦。"

吴超亭同年挽诗（寅恪案：超亭为吴兴宗之字，此诗亦见阮元《两浙𬨎轩录》四〇《闺秀类》，盖从《蘋南遗草》录出也）〔略〕云："天女香随花雨散，苏姬才薄锦纹回。尊章泣月惊秋到，慈父牵情促梦来。"

内弟冲之（寅恪案：戴璐内室沈芬亦能诗，见《吴兴诗话》一二）句云："柳絮椒花未足推，爱伊才德一身赅。芳龄正好图团聚，大药何期莫挽回。秋月满轮人遽去，西风卷幕客重来。征衣渐觉惊寒至，刀尺凭谁为剪裁。"

杨拙园知新题云："仙游正值月团圞，扶病萱堂泣岁寒。隔岁九泉重见母，魂依膝下不愁单。"

《清史列传》二八《大臣传次编》三《赵佑传》（参光绪修《杭州府志》一二六《人物类·名臣四》）略云：

赵佑，浙江仁和人。乾隆十五年举人，十七年成进士，改庶吉士。二十二年散馆授编修。五十三年充江西乡试正考官。五十四年六月充江西乡试正考官，旋授江西学政。子日熙，正三品荫生，前任江苏长洲县知县。（光绪修《杭州府志》一一三《选举七》有“赵日熙”条，但无“赵日照”之名。又阮元《两浙𬨎轩录》四〇《闺秀类·戴佩荃传》亦有“仁和赵日照室”之语，当是采自《蘋南遗草》。）

李元度《先正事略》四二《文苑类·窦东皋先生（光鼐）传》附赵鹿泉先生（佑）传略云：

同时赵鹿泉先生名佑，字启人，仁和人。后东皋先生（指窦光鼐）十年成进士。同以制举业名天下。著有《清献堂集》。

钱仪吉《碑传集》八五朱珪撰《湖南布政使叶君佩荪墓志铭》略云：

叶佩荪，字丹颖，浙江归安人。辛卯（乾隆三十六年）〔自河南南阳府知府〕卓异引见，擢河东道。乙未（四十年）戊戌（四十三年）再署按察使。己亥（四十四年）授山东按察使。辛丑（四十六年）授湖南布政使。壬寅（四十七年）护湖南巡抚事。东抚败，以不先举发，吏议当革职，奉旨降补知府。（寅恪案：东抚，谓山东巡抚国泰也。参《清实录·高宗实录》一一五四“乾隆四十七年四月五月”等条。）君入都，请校书万册自效。癸卯（四十八年）岁除，余自闽还，见君。明年（甲辰四十九年）九月八日卒。子绍楏，乾隆己亥（四十四年）举人。

寅恪案：参合上引材料，可以解决三问题。（一）戴佩荃逝世之年月。（二）戴佩荃之《织素图次韵诗》作成时间。（三）《织素图》中之织素人为何人。请依次论之于下：

（一）戴佩荃之夫赵日照之父赵佑者，当时最有名之八股文专家。佑之为人，似未必真能知赏善吟咏，工绘画，从事于八股家所谓杂学之才女。其所著《清献堂集》诗中有涉及佩荃及日照者，大抵为乾隆五十六年、五十七年之作，其时蘋南已逝世二三岁矣。兹节录其诗于下：

《清献堂集》二《伤介妇戴示日照诗》云：

不堪老泪频伤逝，怪见华年又悼亡。（原注：照先娶于沈，戴继之，皆知妇道。沈有出不育，戴无出。）弱甚每怜亲药裹，病中还说理诗囊。（原注：妇尝请于姑，乞为余钞诗稿，以其病未许。）声尘幻忽浑难识，圭璧操持要有常。独憾添丁消息晚，且看斋奠异时偿。

又《示九弟俌并熙煦辈》诗云：

（诗略）

又《舟中还寄示诸弟示煦照》诗略云：

煦也逾壮尚初服，照连丧偶行更图。

寅恪案：赵鹿泉止书佩荃之姓，而不著其名，盖遵内讳不逾阃之古义，其为人为文之拘谨，可以概见，然而才女之名字遂坐是湮没不彰矣。据戴璐《哭佩荃诗序》，（寅恪未见《秋树山房集》，仅从阮元《两浙𬨎轩录》四〇《闺秀类·戴佩荃传》所引《戴璐哭女诗序》及其他间接材料得知。）谓佩荃“书体尚丰硕，似非夭相，而不永其年”。寅恪未得见佩荃之书，不知其体势如何，然蘋南为湖州人，其地与颜鲁公、赵子昂有关涉，又生值乾隆时代，清高宗书法摹拟右军而失之肥俗，一变明末清初董字渴笔瘦体之派，上行下效，相习成风，蘋南之书法当受此环境熏习者也。鹿泉殆以蘋南书法与当时翰苑台阁之体有所冥会，若出之男子之手，尚可作殿廷考试之白折小楷，以供射策决科之用，遂亦颇加赞赏欤？否则蘋南必不敢轻率请求抄写此老学究之家翁所赋试帖体之诗句也。今史乘地志于鹿泉诸子，唯日熙一人略具事迹，而日照之名仅附见于《吴兴诗话》及《两浙輶轩录·蘋南小传》中。夫以妻传，如"驵侩下材"之于易安居士者，可谓幸矣。（寅恪颇信《建炎以来系年要录》所载，而以后人翻案之文字为无历史常识。乾隆官本楼钥《攻媿集》中凡涉及妇人之改嫁者，皆加窜易，为之隐讳。以此心理推之，则易安居士固可再醮于生前赵宋之日，而不许改嫁于死后金清之时，又何足怪哉。至顾太清之主易安年老无改嫁之事者，则又因奕绘嫡室之子于太清有所非议，固不得不借此以自表白，而好多事、不识时务之陈文述，反赋诗招摇，宜遭致其痛斥也。）日照元配沈氏，或者蘋南母沈芬之侄女，俟后更考。戴茀堂记录挽其女蘋南之诗颇多，而不及鹿泉之作者，或以未曾得见，遂至漏书，或虽得见，而以亲家翁之句为未工，因不载录于其诗话耶？

据《赵佑传》，乾隆五十四年佑以江西乡试正考官授江西学政。佩荃随佑赴江西任所，不久逝世。此即《吴兴诗话》一二所谓"随翁鹿泉先生西江使署，未几殁"者。陈长生挽诗第一首云："桂花香满月圆初，惊说乘风返碧虚。"吴超亭挽诗云："尊章泣月惊秋到。"沈冲之挽诗云："秋月满轮人遽去，西风卷幕客重来。"杨拙园挽诗云："仙游正值月团圞。"是佩荃殁于乾隆五十四年秋季也。

（二）《随园诗话补遗》三略云：

吾乡多闺秀，而莫盛于叶方伯佩荪家。其前后两夫人，两女公子，一儿妇，皆诗坛飞将也。其长媳长生，吾乡陈句山先生之女孙也。寄外云："弱岁成名志已违，看花人又阻春闱。（原注：两上春官，以回避不得入试。）纵教裘敝黄金尽，敢道君来不下机。""频年心事托冰纨，絮语烦君仔细看。莫道闺中儿女小，灯前也解忆长安。"

寅恪案：陈长生寄外诗为何时何地所作，此点关涉考定长生与戴佩荃何时同在北京，而戴佩荃能作《织素图次韵诗》之问题。据上引《叶佩荪传》，知叶绍楏于乾隆四十四年中式举人，又据清代史乘，如《清实录》《东华录》等书，知自乾隆四十四年即绍楏乡荐之年，至乾隆五十八年即绍楏成进士之年，其间共有六次会试。此六次会试，凡有举人之资格者皆可应试。绍楏之以回避，两次不能入闱，究在何年？今依次逆数而考定之。绍楏于五十三年丁母忧，不知其母卒于何月，虽五十四年有闰五月，然以常情推测，恐五十五年春闱，绍楏仍在母忧中，自不能应会试。五十二年会试，绍楏可以应试，盖虽应试而不得中式也。据绍楏传，知绍楏在乾隆五十年由举人于四库馆议叙，授内阁中书。此时其父佩荪已前卒，其母尚健在。以常情论，绍楏全家当在京师，而长生此时亦必在京，不必作寄外诗也。（袁随园编《续同人集》一三《闺秀类》载，陈长生《金陵阻风侍太夫人游随园作（七律）》一首，此诗必作在乾隆五十三年绍楏母李含章逝世以前。同卷又载《寄怀随园十绝句》，第一首云："先生高隐卧烟萝，三径盘桓七十过。"据《碑传集》

一〇七孙星衍撰《袁君枚传》，知简斋卒于嘉庆二年，年八十二。然则乾隆五十年简斋年七十岁。长生作《寄怀随园十绝句》时，必在乾隆五十年以后。综合推计之，当是乾隆四十九年九月叶佩荪卒后，绍楏等扶柩回籍，安葬之后再返北京，因途中阻风金陵，李、陈姑妇二人因得游随园赋诗。至于长生作《寄怀随园十绝句》时则疑在其过金陵见简斋之后，大约为随夫叶绍楏供职京师之期间也。然耶？否耶？姑记于此，更俟详考。）四十九年会试，绍楏可以应试，因佩荪此年春间亦已在北京，请于四库馆校书自效。佩荪虽卒于四十九年九月，而会试之期在春季，故绍楏可以应试，但已应试而未中式耳。四十五年、四十六年两次会试，绍楏皆可应试，此两年其父佩荪适任外官不在京师。长生当随侍其翁姑于外省任所。故长生寄外诗中所谓“看花人又阻春闱”及“莫道闺中儿女小，灯前也解忆长安”等语，即指此两次绍楏虽在京，而以回避不能应试言。自四十七年后，佩荪、绍楏父子已同在京师，长生断无他往之理。然则《织素图》之绘成，必在四十七年以后，至五十四年秋间戴佩荃逝世以前。以佩荃卒年仅二十三岁之一点推测，虽天才如佩荃，恐亦不能作此图太早，大约此图绘画之时间，距佩荃逝世前不甚久，即距乾隆五十四年秋季以前不远也。长生之父玉敦与戴佩荃之翁佑，同为杭州人，同举乾隆十五年庚午乡试，佑之八股文复为长生祖句山所称赏（见《紫竹山房集·陈句山先生年谱》“乾隆十五年庚午”条）。佩荃之父璐与长生之夫绍楏又同为湖州人。当此时两家在京，往还必颇亲密，观戴璐《吴兴诗话》一二述及长生夫妇可以推见。否则佩荃无由作《织素图次韵诗》也。

（三）《织素图》者，即取《孔雀东南飞》乐府诗“十三能织素”之句，及《晋书》九六《列女传·窦滔妻苏氏（蕙）传》“滔被徙流沙，苏氏思之，织锦为回文旋图诗”之意，绘画而成。观戴佩荃《织素图次韵诗》“分明锦字传苏蕙”“讵将远萝到金微”“十三学得厌弹筝”等语，可以为证。然则此图中之织素人必为女性，而其夫又以罪谪边，自不待言矣。与此图中女性相关涉，得直指为即是图中织素人者，止有三可能之人。第一可能者为陈长生。然长生之夫为叶绍楏。绍楏一生事迹，今可考知者，颇为详尽。绍楏既无戍边之事，则长生非图中之织素人可知。第二可能者，为戴佩荃。赵佑之子可考见者有日熙、日煦、日照三人。佩荃之夫日照，其事迹虽不详，然据上引赵佑《清献堂集》二《舟中还寄示诸弟示煦照》诗，知乾隆五十八年鹿泉作此诗时，日照并未远去，则其人实无戍边之事。吴超亭《挽佩荃》诗云“苏姬才薄锦文回”，及沈冲之《挽佩荃》诗云“芳龄正好图团聚”等语，虽似日照，亦有陈端生婿范某戍边之嫌疑者，然沈冲之挽诗又云“西风卷幕客重来”，则日照既能重来，必无远谪之事，大约佩荃卒时，日照不在侧耳。至陈长生《挽佩荃》诗云：“尺幅生绡点染新，十行锦字为传神。而今留得清吟在，说与图中织素人。”诗中“十行锦字”即锦上之回文。“清吟”即佩荃《织素图次韵（七绝）》三首。今佩荃虽还归天上，而“清吟”犹留在“人间”，故长生可说与同在人间之织素人，即告以佩荃逝世之消息。一死一生，取与对比，暗用李义山《重过圣女祠》诗“上清沦谪得归迟”之句，寓意尤为沉痛也。由是言之，织素图中之织素人，必非戴佩荃，又可知矣。第三可能者，以普通消除递减之方法推之，则舍陈端生莫属。若是端生，则佩荃、长生诸诗中所用古典皆能适合，自不必赘论，而佩荃“淡妆不逐画眉新”之句与《西泠闺咏》一五《绘影阁咏家□□》诗序中“屏谢膏沐”之今典更相符会也。所可注意者，即佩荃诗中“西南渐有声”之语。依通常解释，温飞卿《池塘七夕》诗云：“月出西南露气秋。”（见《才调集》二）及《七夕》诗云：“青锁西南月似钩。”（见曾益谦、顾予咸、顾嗣立等《温飞卿诗集注》四）蘋南诗中“西南”二字出处当是从温诗来，与下“永夜”句固相适应，而“七襄”句更暗寓七夕离别之意（飞卿《七夕》诗云：“人间离别水东流。”）尤为巧妙也。然寅恪于此尚不满足，姑作一大胆而荒谬之假设，读者姑妄听之可乎？陈端生于《再生缘》第十七卷首节云：“惟是此书知者久，浙江一省遍相传。”又云：“岁次甲辰春二月，芸窗仍写《再生缘》。”考道光十五年修《云南通志》一二〇《秩官志》二之十二《官制题名》一二《国朝文职官姓氏》三“临安府同知”栏载：

> 陈至（寅恪案：“至”当为“玉”之形误也）敦，钱塘人，举人，〔乾隆〕四十九年任。
>
> 龚云鹤，营山人，贡生。〔乾隆〕五十三年任。

则端生之父玉敦，在乾隆四十九年至五十二年四年间，曾任职云南。《随园诗话补遗》三载陈长生《闻家大人旋里》云：“去郡定多遮道吏，还山已是杖乡人。”即玉敦解任归杭州时所作，大约在乾隆五十二三年，长生寓京师时也。颇疑端生亦曾随父往云南，佩荃诗所谓“西南渐有声”者，即指是言。而佩荃题诗之时间，亦当在玉敦任职云南之时，复可推知矣。然则端生所谓“浙江一省遍相传”者，意谓十六卷本之《再生缘》浙江省已遍传，而云南则尚未之知也。寅恪更进一步怀疑佩荃诗所谓“七襄取次报章成”者，即指端生在云南所续之第十七卷《再生缘》而言。盖《再生缘》前十六卷“浙江一省遍相传”，则佩荃必早已见及。佩荃与长生交亲往还，当又在长生处获见端生续写第十七卷，故诗中遂及之耶？其所谓“女手掺掺劳永夜”者，疑指端生自述其撰前十六卷时，“向阳为趁三年日，入夜频挑一盏灯”（见《再生缘》第十七卷第六十八回末节）。写作甚勤，入夜不息。此佩荃读第十七卷末节，已可知之，或又从长生处得悉其姊往日撰著之勤，因并有“劳永夜”之语欤？至于端生续写《再生缘》第十七卷在甲辰年，即乾隆四十九年。此年端生居浙江抑寓云南，虽不能确言，鄙意此年端生似已随父玉敦赴云南，其所谓“白芍送腊”“红梅迎春”等句，若“白芍”取譬“白雪”，与“红梅”为切当之对句，则亦不过词人形容节物惯用之语，未必与当地真实气候相符合。（可参下文论《再生缘》开始写作年月节中“岁暮”之语。）但寅恪曾游云南，见旧历腊尽春回之际，百花齐放，颇呈奇观。或者，端生之语实与云南之节物相符应，亦未可知也。兹姑著此妄说，更待他日详考。

假定陈端生于戴佩荃作《织素图次韵诗》时尚生存者，则至何年始不在人间耶？此答案可以陈玉敦不肯以其父兆仑之诗文集出示他人之事，及兆仑之孙玉万之子桂生请序家集于王昶（即玉敦不肯出示之人）之年，两点推求之，虽不能中，亦不甚相远也。

王昶《春融堂集》三八有陈句山先生《紫竹山房诗文集序》

一篇，其文虽不著年月，但下有朱吉人《春桥草堂诗集序》一篇，略云："余以乾隆庚午（十五年）识君于吴企晋璜川书屋，文酒之会最密。呜乎！自与吉人定交，迄今四十余年，同游诸君少长不一，皆莫有在者。"则自乾隆十五年下推四十余年，当为乾隆末年，或嘉庆初年，即作《春桥草堂诗集序》之年。《紫竹山房集序》排列相连，当是同时或相距至近之时间所作也。今取《春融堂集》所载《紫竹山房集》之序文，与陈桂生所刊《紫竹山房集》首所载兰泉之序文，互相比较，发现颇有不同及删削之处。兹节录陈氏所刊《紫竹山房集》首之王序，并附注春融堂本此序之文于下，而略其不关重要者，读者若察两本序文之同异，即知其中必有待发之覆也。

《紫竹山房诗文集》载王昶《序》略云：

> 钱塘陈君桂生挟其祖句山先生诗十二卷文二十卷（春融堂本作"诗四十四卷，文三十二卷"），踵门而请曰，愿有序也。戊寅（乾隆二十三年）始获识先生于朝，继以诗文相质，先生谓可与言者，时时引进之，是以辱有牙旷之知。丙申春余归自蜀中，而先生前七年殁矣。（寅恪案：丙申为乾隆四十一年，句山殁于乾隆三十六年辛卯正月二十四日，实止六年也。）求其集不可得，为之怅然。又七年余修《西湖志》于杭州，窃念先生籍钱塘，西湖事迹载于诗文必富，从其家求之，阙不肯出。（"阙不肯出"，春融堂作"卒不可得"。又王昶《湖海诗传》六陈兆仑诗选附《蒲褐山房诗话》云："壬寅修《西湖志》于杭州，因索先生遗诗，而令子同知玉敦深阙不肯出。及其孙桂

生来京师，始以全集见示，并乞序言。”壬寅即乾隆四十七年也。）又三年（寅恪案：王兰泉以乾隆五十一年授云南布政使，见下引阮元撰《王公神神道碑》）余以布政使滇，适先生子玉敦为滇郡佐。叩所藏，则其闷益甚。（《春融堂集》本删去“又三年”至“其闷益甚”二十七字。）盖十余年来殊以为憾。今陈君述祖德，采遗文，辑而录之，使先生生平撰述粲然备见于世。

寅恪案：《湖海诗传》及《湖海文传》之编选人王兰泉，其人为乾隆朝词宗，本与陈句山雅故，序中“辱有牙旷之知”一语殆非夸言。兰泉修《西湖志》于杭州，玉敦为其地主（此韩君平所谓“吴郡陆机为地主，钱塘苏小是乡亲”之“地主”也）。及官云南布政，玉敦又为其属吏。兰泉之索观句山诗文，自是应有之事。以常情论，玉敦必非于兰泉个人有所嫌恶，而深闷固拒，一至于是者，其中必具不得已之苦衷及难言之隐。兰泉当时或不尽能了解其故，遂于序中犹言及之，盖尚未释然于怀也。玉敦既不肯以其父之诗文示兰泉，十余年后，桂生何忽转以其祖全集请序于兰泉？此中必有重大变迁。鄙意此十余年间，句山集中所当避忌隐讳之事已不复存在，故可刊布流行。又请序于兰泉者，即借以解释前此玉敦深闷固拒之旧嫌也。陈文述《西泠闺咏》咏端生诗序中言，“婿遇赦归，未至家，而□□死”。是端生之卒与范某遇赦之时相距不远。范某既遇赦，则句山集中诗文仅牵涉端生之名者，自已不甚重要。今观《春融堂集》所载《紫竹山房序》文，知兰泉当日所见之稿本，其诗文卷数多于刊本，则桂生所删削者，必甚不少。其所删削者，当与端生婿范某之名有关也。范某之案在当时必甚严重，以致家属亲友皆隐讳不敢言及，若恐为所牵累，端生事迹今日不易考知者，其故即由于此也。

陈端生之卒与范某之赦，两事时间距离甚近，故可依兰泉作序之年，推测范某遇赦之期。又据范某遇赦之期，更可推测端生逝世之年也。兰泉《紫竹山房集序》言"十余年来殊以为憾"。《蒲褐山房诗话》又谓"桂生来京师，始以〔其祖〕全集见示，并乞序言"。则从兰泉乾隆四十七年壬寅修《西湖志》于杭州之时算起，历十余年，兰泉与桂生两人同在京师，即此序作成之时亦即范某赦免之后，其时上距端生逝世之年当不甚久，此可依次递推而得之者也。

王昶《春融堂集》附严荣编《述庵先生年谱》乾隆五十四年条下略云：

> 二月二十四日得旨授刑部右侍郎。〔三月〕初五日起程，二十八日抵京。

五十八年条下略云：

> 四月初一日〔出京回籍修墓〕。十二月初二日〔回京〕，赴宫门，召见，〔乞休，〕上允之，遂以原品休致。

五十九年条下略云：

> 四月初一日赴通州下船。〔回籍。〕七月二十三日抵家。

六十年条下略云：

> 十一月十八日〔赴京预千叟宴〕。十二月二十一日抵京。

嘉庆元年条下略云：

二月初一日〔出京〕。三月初五日归家。

四年条下略云：

正月太上皇帝升遐。入都。二月二十九日至京。四月二十日〔出京〕。七月抵家。

十一年条下略云：

〔先生病逝，〕时〔六月〕初七日丑时也。

《碑传集》三七阮元撰《王公昶神道碑》略云：

〔乾隆〕三十六年温公福代阿公〔桂〕，移师四川，办金川事，奉旨授吏部主事，从温公西路军进讨，温公属公作檄，斥僧克桑罪，遂克斑烂山，进攻日耳寨。阿公奉诏由北路进兵，兼督南路。公复从阿公军克小金川。僧克桑遁。泽旺降。进讨大金川。三十八年夏温公兵溃木果木，阿公亦退兵至翁古尔垄，冬大兵复进，小金川平。复从讨大金川。四十一年三路兵合，索诺木等率众投罪。于是两金川地悉平。凯旋之日赐宴紫光阁，升鸿胪寺卿。四十五年秋丁母忧，服除，补直隶按察使。五十一年授云南布政使。五十三年调江西布政使。五十四年擢刑部右侍郎。五十八年乞归修墓，冬还京，以病乞休。嘉庆元年以授受大典至京，与千叟宴。四年纯皇帝升遐，复至京，谒梓宫，夏归清浦。十一年年八十有三，〔六月〕初七日卒。

《耆献类征》一九七《陈桂生传》略云：

陈桂生，浙江钱塘人。由优贡生考取教习，期满引见，以知县用。嘉庆元年三月拣发湖北。四年题署大冶县知县。六年六月实授，九月升安陆府同知。八年升安陆府知府。九年丁母忧。

十三年五月补荆州知府。十二月升荆宜施道。

据上所引，自陈玉敦于乾隆五十三年由云南返杭州后，王兰泉共有三时期在北京。第一次为乾隆五十四年至五十九年，（此期间自五十八年四月出京回籍修墓，至十二月回京，此短时期可以不计。）第二次为嘉庆元年，（兰泉于乾隆六十年十二月二十一日抵京，距除夕止数日，故此年可不计。）第三次为嘉庆四年。

第三次桂生正在湖北任职知县，甚少机会至北京请兰泉作序也。

第一次若从兰泉乾隆四十七年在杭州修《西湖志》算起，至乾隆五十七年或五十八年或五十九年，已十一、十二、十三年。兰泉序中“十余年”之语，自是可通。又桂生既“由优贡生考取教习，期满引见，以知县用。嘉庆元年三月拣发湖北”，光绪修《清会典事例》所载乾隆间制定优监事宜未甚详备，今取同书中同治间制定优贡事宜，并参以乾隆间制定拔贡事宜及官学规章等，综合推计，以考定桂生到京之年月。

《清会典事例》三八五《礼部·学校·优贡优监事宜》略云：

〔乾隆〕二十三年议准。嗣后保题之优生到部时，俟有四五名，本部奏请钦派大臣考试，分别等第进呈。其文理明通者，照例札监肄业。

同治二年覆准。优贡一途，因无录用之条，多未来京报考。嗣后量为变通，由各该学政核实选举，会同督抚保题，赴部验到，定期奏考。由阅卷大臣酌量多寡，比较录取。其先后名次仍归并定拟，由礼部带领引见。考列一二等者，以知县教职二项录用。

同书三八四《礼部·学校·拔贡事宜》“乾隆元年”条略云：

覆准。各学政选拔贡生，务秉公考核。考列一等二等者，九卿会同拣选，由部引见，其中果有卓越之才，自仰邀简用。其三等者，停其简选，照例札监肄业。凡宗学义学教习即于此中考取。三年期满，以知县铨用。

同书三九四《礼部·学校·八旗官学》“乾隆八年”条略云：

奏准。官学汉教习，每人给印册二本，该教习将三年内所教学生若干名，并学业功课详细填注。俟期满时，一册交新教习收存，照例填注。一册送监臣查核。如实心训课，著有成效者，列一等。其训课勤谨，稍获成功者，列二等。出具考语缮单引见。一等者可否用为知县。二等或用知县，或用教职。恭候钦定，仍归原班铨选。

寅恪案：桂生至迟在乾隆五十七年末必已到北京。自有于五十七年或五十八年或五十九年请兰泉作序之可能。然桂生此时既未决定往湖北，似不必请兰泉作序，借以求其介绍于湖北疆吏如毕沅辈也。

抑更有可论者，吾人今日观此等礼部规定之具文，苟证以当时八旗官学之实况，即了然于官僚政治，凡所粉饰，多设科条，自矜整饬，不过供干禄求荣者之利用耳。良可叹也。

第二次为嘉庆元年，此年距乾隆四十七年兰泉在杭修《西湖志》时已及十五年，与兰泉“十余年”之语符合，固不待言。其最可注意者，即桂生于嘉庆元年三月以知县拣发湖北一事。通常之例，拣发之省份虽出自上命，实则亦可由己身志愿预为选定。故桂生表面上，以嘉庆元年三月拣发湖北；实际上，在此数月以前，早已预为往湖北之计矣。但桂生以一候补知县之资格，分发湖北，若无高级长官之知赏，恐将久滞宦途。依昔日社会情形，往往请托当时显要之与疆吏有旧者，为之介绍推见，桂生出身不过一优贡生耳。虽出自名家，亦工书法，（光绪间修《杭州府志》一二六《人物·名臣四》胡琨撰《陈桂生传》云：“学二王书，晚益工，政声多为书名所掩云。”）然其时句山逝世既久，其祖平日交谊笃挚者多已零落。就当日湖北一省之长官中，其能与桂生之升沉荣辱发生关系者，为湖广总督及湖北巡抚等人而已。兹检嘉庆元年前后任湖北巡抚及湖广总督之汪新、毕沅传碑等，节录之于下：

《耆献类征初编》一八四《疆臣类》三六载清国史馆《汪新传》略云：

> 汪新，浙江仁和人。乾隆二十二年进士，改翰林院庶吉士。二十五年授编修。三十三年升礼科给事中。三十四年转户科掌印给事中。三十五年充江南乡试副考官。五十六年十一月调湖北布政使。六十年五月擢安徽巡抚。时楚省贼匪滋事，经惠龄以留办军需奏请。嘉庆元年六月谕曰，汪新在湖北督理军需，已为熟谙，着即调补湖北巡抚。三年四月卒于军营。

同书同卷张云璈撰《汪公墓志铭》云：

> 公姓汪氏，讳新，字又新，号芍陂。

《紫竹山房文集》九《女史方芷斋诗集序》略云：

> 老友方君涤斋。（寅恪案：涤斋名宜照，钱塘人。）予未弱冠时同研席。有女曰芳佩，字芷斋，好学工诗。涤斋偕嫂夫人率女

随其夫江编修又新任抵京。芷斋见过，致拜床下。

王昶《春融堂集》五二《毕公沅神道碑》（参《碑传集》七三）略云：

公名沅，字缥蘅，一字秋帆。曾祖讳祖泰，由休宁迁太仓，嗣太仓分县镇洋，遂为县人。乾隆十八年顺天乡试中式。又二年补内阁中书，直军机处。二十五年成进士，以一甲第一人及第，授翰林院修撰。三十六年奉旨授陕西按察使。三十八年十二月授陕西巡抚。三十九年十二月丁张太夫人忧回籍。明年十月陕西巡抚员缺，奉旨着前往署理。五十年正月进京陛见，调河南巡抚，奉旨授湖广总督，兼署湖北巡抚。五十九年降补山东巡抚。六十年正月仍授湖广总督，即赴新任，二月奉旨令驻荆常适中之地。嘉庆元年湖北贼起，诡称白莲教，公赴枝江，调兵搜剿。明年公遵旨留驻辰州，七月初三日卒于官舍，年六十有八。夫昶与公乡试同年，同直军机处，又为西安按察使，知公行事为详，庸敢掇其关于军国之大者，勒诸贞石，以示后世。

寅恪案：桂生家本与汪新家交好。其祖兆仑与新之夫人家交谊尤笃。兆仑于乾隆三十五年夏秋间尝借寓汪氏在京住宅，桂生当亦随其父祖居此。（详见下文论端生撰《再生缘》节中。）故桂生宦游湖北，汪新必不至略不照拂。然汪新已于乾隆六十年五月受命巡抚安徽，虽经惠龄奏请留办军需，未曾离省，然直至嘉庆元年六月，方始正式改授湖北巡抚。当桂生在乾隆六十年末或嘉庆元年春初，预备以知县拣发湖北之时，汪新之去留尚不能预料。此事在桂生心中，汪氏虽可依恃，而不甚确定者也。故此时桂生若往湖北，舍巡抚外则最有关系者，莫过于湖广总督矣。当日任湖广总督者为毕沅。秋帆乃乾隆朝宏奖风流之封疆大吏，亦尝与陈句山有一日之雅（见《紫竹山房诗集》一二《送毕秋帆殿撰沅赴巩秦阶三路观察任》诗），然句山与秋帆之关系，远不及其与芷斋芍陂之密切，而桂生与秋帆又年位悬隔，当无深厚之交谊。职此之故，桂生当日在京求一与秋帆关系密切之人为之介绍者，实舍兰泉莫属。观兰泉所撰秋帆碑文中，兰泉自述其与秋帆之关系，明显如此。盖两人同隶江苏，同年乡举，同任军机处章京，又同任陕西外职，历年颇久，平时交好，最为亲密。（文酒之会如《湖海诗传》二二毕沅诗选载《集听雨篷小饮》诗，可见一例。）秋帆身后，其子孙以隧道之文属之兰泉者，非无因也。由是言之，桂生之请兰泉序其祖之诗文集，表面视之，虽颇平常，然察其内容，恐不甚简单。后来汪、毕虽逝，而桂生卒由湖北守宰，致位通显，则此一序甚有关系。通习古今世变之君子，不得不于此深为叹息者也。然则兰泉于嘉庆元年二月即出都，其在京时间虽似短促，此时桂生既定计往湖北，实有请兰泉作序之必要。故鄙意嘉庆元年为兰泉作序最可能之年，而是年之前，端生已卒，范某已归，从可知矣。

桂生请兰泉作序之年，当以嘉庆元年为最可能，已如上所论。但范某赦归之年，即端生逝世相近之年，则似距嘉庆元年较前，而与乾隆五十五年甚近。何以言之？范某非遇赦不能归。依下文所引《清高宗实录》，范某乃以乾隆四十五年顺天乡试科场案获罪遣戍，自此年以后至嘉庆元年，清室共有高宗八旬万寿及内禅授受两大庆典，范某皆可援此等庆典邀赦得归。据《清实录·高宗实录》一三四六略云：

> 乾隆五十五年正月壬午朔以八旬万寿，颁诏天下。诏曰，各省现犯军流以下人犯，俱着减等发落。其在配军流人犯，已过十年，安分守法，别无过犯者，着各省督抚，分别咨部查照向例核议，奏请省释。

则范某若以犯罪之年算起，亦可云已过十年。若以到遣所之地算起，则似尚有问题。然依通常之例揣测，当可从宽援引此恩诏赦归也。但据诏文，仍须咨部核议及奏请省释等手续观之，则范某因公文往复，程途遥远及经费筹措等问题，其归家，早则在乾隆五十五年下半年，迟则在五十六年上半年也。据陈文述云："婿遇赦归，未至家，而□□死。"倘使范某果援此八旬万寿庆典赦归，则端生之死当在乾隆五十五年或五十六年也。

若范某不能援引乾隆五十五年八旬万寿庆典赦归，则必可援引嘉庆元年内禅授受庆典赦归。何以言之？据《清实录·仁宗实录》一所载嘉庆元年正月戊申朔太上皇传位庆典恩赦诏书略云：

> 各省军流人犯，查明到配三年，实在安静守法，及年逾七十者，释放回籍。

则此次赦罪之规定，较乾隆五十五年高宗八旬万寿庆典赦罪之规定，大为宽简。范某即使不能于乾隆五十五年下半年或五十六年上半年，援八旬万寿庆典恩赦获归，则必可于嘉庆元年邀授受庆典恩赦获归。此所以决定端生之年寿，不能超过嘉庆元年之理由也。据其祖句山《紫竹山房文集》一五《冢妇行略》略云：

〔乾隆〕庚午（十五年）秋玉万与次儿玉敦忝与乡荐。明年（乾隆十六年辛未）正月长孙女端儿生，次子妇出也。

是端生生于乾隆十六年，下推至兰泉作序第一可能之年，即乾隆五十七、五十八、五十九年，则端生之寿不能超过四十四岁。若范某援乾隆五十五年清高宗八旬万寿庆典赦归，则端生之寿当为四十岁或四十一岁。鄙意此期限之可能性最大也。若自乾隆十六年即端生生年下推至兰泉作序第二可能之年，即嘉庆元年，则端生之寿不能超过四十六岁。鄙意端生之逝世，似不应迟至此年，而以在此前四五年为最合事理也。又据上引陈长生挽戴佩荃诗“说与图中织素人”句，知乾隆五十四年秋间佩荃逝世时，端生犹在人间，其年为三十九岁。则端生年寿不能少于四十岁。又如上述，端生之逝世必在嘉庆元年以前，即四十六岁以前。则端生之年寿，无论如何，至少为四十岁，至多不能超过四十五岁。总以四十岁或四十一岁为最可能也。自昔才人多为短命，端生虽不至上寿，然犹及中年，未可谓甚不幸也。

桂生请兰泉作其祖诗文集序时，端生已死，范某已归，自不待论。至玉敦是否健存，今虽不能确知，但据《紫竹山房诗文集》首所载之顾光撰《陈兆仑墓志铭》，知乾隆四十六年十一月兆仑葬时，玉万已卒，玉敦犹存。又据同集首所载之郭麐撰《兆仑神道碑》文（此文作成之时距兆仑之葬为二十三年），止言兆仑孙春生、桂生等，而不及玉敦，则此时玉敦必先卒无疑矣。假使桂生请兰泉作序时，玉敦尚健在者，范某之案既得解除，玉敦亦不必如前此之不肯以其父之诗文集示人及刊行也。又前已论及桂生当日请兰泉作其祖集序时，其持示兰泉之稿本，卷数较刊本为多。桂生所以删削之故，虽不敢确言，但必因端生婿范某之关系无疑。桂生既大加删削，则此集之刊布，纵使玉敦尚在，亦可不反对。或者桂生请作序时，玉敦已卒，而桂生更加删削者，岂由长生及其他亲友尚有不满意者在耶?《春融堂集》本所载序文亦不同于兰泉当日交付桂生之原稿者，殆以中多语病，致招陈氏亲友之非议，遂亦不得不重改定耶?

长生寄外诗云："纵教裘敝黄金尽，敢道君来不下机。"自命不作苏秦之妇。观其于《织素图》感伤惓恋，不忘怀端生者如此，可谓非以势利居心，言行相符者矣。呜呼！常人在忧患颠沛之中，往往四海无依，六亲不认，而绘影阁主人于茫茫天壤间，得此一妹，亦可稍慰欤?

文述于《西泠闺咏》一五《绘影阁咏家□□》诗序中言端生婿范某乃诸生，以科场事为人牵累谪戍。又于《颐道堂外集》六《碧城仙馆诗钞》九《题绘声阁集》四律第二首诗中，文述自注亦言"端生适范氏，婿以累谪戍"。则欲考范某一案，必于乾隆朝乡试科场案中求之，因范某为诸生，不能关涉会试也。乾隆纪元凡六十年，举行乡试次数颇多，其与此案有关者，必在四十七年以前，三十九年以后，所以决定此后前两时限者，实有特殊人事之关系。观乾隆四十七年王昶在杭州修《西湖志》时，陈玉敦不肯以其父之诗文集示兰泉，即知范某之案必已发生于此年以前，此后一时限定于乾隆四十七年之理由也。所以知此案必在乾隆三十九年以后者，即因端生于《再生缘》第十七卷首节云"锦瑟喜同新好合，明珠早向掌中悬”及“未酬夫子情难已，强抚双儿志自坚”。则是端生结婚后一年即产一女，隔数年又产一儿。其间或虽产儿而不育，要之，必有数年之间隔，否则不得用“早”字也。关于此点又须推测端生适范某之年月。端生于《再生缘》第十七卷中自言“庚寅失恃新秋月”，是其母汪氏卒于乾隆三十五年七月，而其父玉敦正在山东登州府同知任内也。又言“辛丑旋南首夏天”，据《紫竹山房诗文集》所附年谱，其祖兆仑卒于乾隆三十六年正月二十四日，而其父玉敦丁父忧，解登州府同知之任，其家因此南归原籍杭州也。端生为在室未嫁之女，依当时礼律，应服母丧三年，实即二十七个月。故端生于乾隆三十七年十月除母服。又端生应服祖父服期年，故于乾隆三十七年正月末除祖父服。但其父玉敦之除父丧，以乾隆三十八年有闰三月之故，应在三十八年闰三月末也。依当日社会情况言，钱塘陈氏既为士大夫礼教之家庭，除其婿范氏一方面有何问题，今难考知，可不计外，则端生结婚之期纵可勉从权变，或得在除其母汪氏服，即乾隆三十七年十月之后，然总以其父玉敦除端生祖兆仑之服，即乾隆三十八年闰三月末之后，方合礼法也。又据《紫竹山房文集》一五《冢妇吴氏行略》云：

〔乾隆〕庚午（即乾隆十五年）秋玉万与次儿玉敦忝与乡荐。明年（乾隆十六年辛未）正月长孙女端儿生，次子妇出也。

是端生于乾隆三十七年十月除母服时，年已二十二岁，其父玉敦于乾隆三十八年闰三月末，除其父兆仑服时，端生年已二十三岁矣。当时女子通常婚嫁之期，大抵不逾二十岁，端生婚期实已嫌晚，而非更别有不得已之故，不宜再延。故端生适范某之年月，至早在乾隆三十七年冬间，至迟亦不能在乾隆三十八年冬季以后也。若依当日社会风俗推论，要以乾隆三十八年玉敦除其父丧后，端生始适人，于礼法及情势为最妥便。职此之故，鄙意假定乾隆三十八年夏季至冬季的时间为端生适范某之年月，虽不能中亦不远矣。若端生于乾隆三十八年结婚，三十九年产一女，此后数年间复产一儿，则范某之案不能发生于三十九年以前，此前一时限定于乾隆三十九年之理由也。

今考清代史乘，乾隆三十九年后、四十七年前，共有四十二年丁酉、四十四年己亥、四十五年庚子三次乡试，而四十五年恩科顺天乡试适发生科场舞弊之案。此案《清高宗实录》乾隆四十五年八月及九月凡有五次记载，（其第一次可参《清会典事例》三四一《礼部》五二《贡举·整肃场规一》“乾隆四十五年谕”。）其文颇繁，兹仅节录其最有关者，并附论释于下。忆二十余年前整理明清内阁大库档案，编辑明清史料，见乾隆朝三法司档案甚多。当时未能详检，不知其中是否有与此案有关之文件。今此项档案卢沟桥事变后已不在原处，暂不能查阅。又故宫博物院清军机处奏钞上谕档中复有关于此案之文件，据司其事者云：“此项材料南运未返。”则其与《清高宗实录》详略同异如何，亦无从比较也。

《清实录·高宗实录》一一一三略云：

> 〔乾隆四十五年九月〕甲申又谕曰：刑部审讯乡场传递文字之誊录陈七等一案，将陈七拟绞监候，其代倩作弊之恒泰、春泰、范菼、陶云鹤发往乌鲁木齐，不能禁约子弟之勒善、陶淑交部严加议处等语。此案科场传递积弊闻之已久，但总未经发

觉，姑未深究。今陈七等既经拿获，若不力为整顿，使之惩儆，则舞弊营私，将何底止。此案陈七一犯，包揽得赃，藐法无忌，实为罪魁，问拟绞候，自属法无可贷。恒泰、春泰着削去旗籍，与范荧、陶云鹤一并发往伊犁，给种地兵丁为奴。其勒善、陶淑均即着革职，以为科场舞弊玩法者戒。

同书《高宗实录》一一一四略云：

〔乾隆四十五年九月〕丁亥谕：乡试为抡才大典。欲拔真才，先清弊窦。本年顺天乡试，经搜检王大臣奏，拿获怀挟传递及顶名代倩，不一而足。各犯已交部从重办理，用昭炯戒。顺天科场，特派王大臣等于砖门、龙门逐次严查，尚有此等弊窦，何况外省稽察搜查断不能如京师之严密。该巡抚等职任监临，摘弊防奸，是其专责。乃历年披阅各该抚奏折，惟今年富纲（寅恪案：《清史稿》二〇八《疆臣年表六·各省巡抚表》载乾隆四十五年富纲任福建巡抚）奏称，先于场前访查积习，出示禁谕，并增筑夹墙，另开更道，于抬运人夫，逐加搜检，印用号戳，并不假手吏胥等语。办理较属认真，此外则均以三场无弊，一奏塞责，并未见有查出怀挟、传递、顶冒之事。岂作奸犯科者，惟顺天有之，而各省竟俱弊绝风清如此乎？实因各抚臣模棱市誉，不肯认真任怨耳。夫取怨于作奸犯科之人，亦何妨乎？嗣后各省巡抚，凡遇大比之期，必须实力稽察，慎密防闲，如有前项弊端，即当立时查获，严加究治，从重核办，务令闱中积弊肃清，士子怀刑自爱，庶足以甄别人材，振兴士习。将此通谕知之，并令于每科引此旨覆奏，着为例。

寅恪案：端生之婿范某是否即范菼，今难确定。然乾隆二十九年以后、四十七年以前，三次乡试科场中，惟此次发生作弊之案。据高宗谕中“历年披阅各该抚奏折”之语，则是至少此年以前数年，未有作弊案发生，更可推知。此案中之范菼乃由陈七口供牵累，既与陈文述所言者相合，又其罪为发往伊犁，亦与端生婿之事相符。今未发现明确之反证，不得不暂假定范菼即端生之婿范某也。综观高宗屡次御旨，知其意在严惩穷究，广肆株连，并通谕全国，凡遇科试之期，负监临之责者，须引此旨覆奏，永为定例。则此案性质严重，一至于是。当日陈氏亲友惴惴畏避，若恐被其牵累，遂不敢略一涉及端生者，非无因也。

复次，清代江浙士人因长洲韩元少掇高科享盛名之故，往往喜用其名，以“菼”为名。“菼”既是单名，“范”亦非僻姓，则乾隆之时，江浙地域同称“范菼”者，当不止一人。今翻检当时史料，发现有一“范菼”者，其人乃陈兆仑交友范璨之子。（见《紫竹山房诗集》三《书榜》自注、同书八《呈范侍郎奠文燦前辈即送归禾中》二首自注及《文集》八《湖北乡试录序》又《陈句山先生年谱》乾隆六年辛酉条。寅恪案：范氏之名及字，今所见诸种材料往往不同。其名当以作“璨”为是，盖《清高宗实录》一三二“乾隆五年十二月戊戌”条及同书一八七“乾隆八年三月庚午”条、《清史稿》一〇《高宗本纪一》同年月日条、《清朝进士题名碑》雍正二年甲辰科“姚璨”条、清国史馆《范璨传》、陆燿《范公神道碑》等，皆作“璨”也。惟《清史稿》二〇八《疆臣年表》作“燦”，与本书《高宗纪》自相违反，殆吴廷燮撰表时未详察耳。《紫竹山房诗文集》及所附《年谱》引范氏之名共有三处，仅《文集》八作“璨”，余二处均作“燦”。至范氏之字，诸材料均作“电文”，而《紫竹山房诗文集》及所附《年谱》则俱作“奠文”，不似误写，未知何故，殊可注意。他若诸地方志于范氏之名往往或作“璨”，或作“燦”，以其取材不同所致，可不深论。）然其可能性固大，可疑之点亦多。兹略引史料稍辨释如下：

陆燿《切问斋集》一〇《资政大夫工部侍郎范公神道碑》（参王昶《湖海文传》五〇《陆燿文选》及《碑传集》三二陆燿撰《范公璨神道碑》）略云：

> 乾隆辛巳之岁，恭逢圣母皇太后七旬万寿，上命文武廷臣及予告在籍年七十以上者各九人，赐游香山，制九老诗以宠之，时则资政大夫工部侍郎松岩范公与焉。盖公自丙寅蒙恩致仕，至是以庆典来朝，获厕耆英之会，朝论荣之。越六年丙戌十二月，有司以公卒闻，谕祭如例。以某年月日葬公于木渎之阡。公讳璨，字电文，一字约轩，其曰松岩者，以上赐“松岩乐志”额，因以为号也。系出宋文正公长子监簿公纯佑之后，公登康熙癸巳乡荐，雍正甲辰进士，改庶吉士。〔后〕巡抚湖北安徽。入为都察院副都御史，工部侍郎。旋以两亲尚在浅土，特疏请，遂得蒙恩卜葬，并许归田。居平益以盛满为戒，洁清之操，晚节弥励，菜羹蔬食，不异贫寒。公既贵显，让宅于从父兄弟，而自卜居于吴兴之南浔。其卒之年距生于康熙庚申，享年八十有七。配孙夫人。子二人：仪薰，国子监生；荄，贡生，皆先公卒。孙三人：墀、城、垲，皆国子监生。女二人，

孙女二人，皆适士族。曾孙男女十四人。予丁公为乡后学，墀又姻也。（寅恪案：《尔雅·释亲》云“婿之父为姻”。然则燿之女适墀之子也。）以公隧道之文来请，因叙其世次历官行谊，而系以铭。

李桓《耆献类征初编》七六《卿贰类》三六载清国史馆《范璨传》略云：

范璨，浙江秀水人。雍正二年进士，改翰林院庶吉士。〔乾隆〕五年迁湖北巡抚。八年三月调安徽巡抚。九年六月召还京，九月授都察院左副都御史。十年五月迁工部左侍郎。十一年请假回籍，寻以年老休致。三十二年卒。（寅恪案：璨实以乾隆三十一年十二月卒。李桓《耆献类征》此卷出自清国史馆《列传》原本，盖官书所记，乃从赐祭葬之年耳。）寻赐祭葬。

范来庚《南浔镇志》二《建置志·居第门》载：

九老第。（原注：在东栅大街。范司空璨致仕所居。钦赐“香山九老”，故名。）乐志第。（原注：在东栅皇御河。少司空松岩公子贡生范菼所居。御书“松岩乐志”匾，故名。寅恪案：此语大可注意，似范璨卒后其子菼犹居此第也。可参下文论范菼先其父卒节。）

光绪七年修《乌程县志》二三《寓贤》略云：

范璨，字电文，貌约轩，晚号松岩。榜姓姚。（寅恪案：清朝进士题名碑雍正二年甲辰科载：“二甲三十五名姚璨，浙江秀水县。”）世家吴江之麻源九曲里。秀水籍。既贵显，让宅于从父兄弟，而移家乌程之南浔，其居在东栅大街者，曰九老第，复构乐志堂于皇御河西，恭奉御书“松岩乐志”匾额。三十一年卒，年八十七，赐祭葬。著有《乐志堂集》《露清篇》（《苏州府志》《南浔志》《切问斋集·范公神道碑》）。

寅恪案：陈兆仑与范璨既同朝雅故，复同乡里，门户匹对。范氏为秀水人，与端生外祖汪上堉同县，其家又寓乌程之南浔镇，与端生妹长生夫家叶氏同居湖州。据端生《再生缘》第十七卷首节“更忻夫婿是儒冠”之语，复与贡生之资格相符及乡试科场有关，则范菼即陈端生之夫范某，其可能性甚大。但范璨既卒于乾隆三十一年末，而端生之适人，如上文所推论，当在乾隆三十八年，其时璨子菼已先璨卒，此可疑之点一也。又乾隆四十五年顺天乡试一案，范菼始获罪遣戍，时间又更在三十一年范璨卒年之后，此可疑之点二也。说者或谓陆燿碑文菼已“先公卒”之语，盖有所避忌而改易，此固可通，然《再生缘》第十七卷首节端生自言“幸赖翁姑怜弱质”，则端生适范某之初，其翁仍健存，而范璨已卒于乾隆三十一年末，此时端生尚在闺中，斯岂可通耶？若欲勉强认定范璨之子菼即是端生之夫，则必须有两项假设。（一）陆燿“子二人：仪薰、菼，皆先公卒”之语，乃是讳改。考陆朗夫卒于乾隆五十年六月二十三日（见《碑传集》七三冯浩撰《陆君墓志铭》）。是此碑文作成之年月不能后于此时限。又考朗夫以母陈氏病，于乾隆四十三年十二月乞归侍疾。四十六年十一月丁母忧。四十七年十二月奉旨往山东办理运河堤务（见《耆献类征》一八三清国史馆《陆燿传》）。揆以通常情事，陆氏撰此碑文当在以母疾乞归居家时。（陆氏此时实居浙江秀水，而不在江苏吴江，见冯浩撰《陆君墓志铭》。又范氏本秀水籍，《紫竹山房诗集》八《呈范侍郎奠文燦前辈即送归禾中二首》，其所谓“禾中”，即指秀水言也。）因范菼之案发生于乾隆四十五年秋季，上距陆氏之丁母忧，其间尚有一年余之久，可以受范璨孙墀之请，作此碑文。若陆氏自丁母忧至往山东时，虽亦有一年余之久，但在母丧中，恐不便受范氏之请，撰此碑文。又今陆氏所撰《切问斋集》虽不编年月，而此碑文之后即接以《保德州知州钱之青墓碣》。此碣文乃燿任湖南巡抚时所作。（《耆献类征》一八三清国史馆陆燿本传略云：“〔乾隆〕四十九年七月擢湖南巡抚。五十年六月卒。”）以篇章排列次序先后言之，则此碑文作成之时，下距郎夫之卒甚近。其在乾隆四十五年范菼案发生之后，更可推知。然则碑文之讳改，自是可能之事也。又依常例言，神道碑文之作自当在已有墓志铭之后。今检清代载籍，关于范璨身后之文，唯见陆燿所撰《神道碑》一篇，而未发见有墓志铭。岂范松岩实曾有墓志铭，乃其太亲翁陈句山所撰，后为陈桂生所删削，遂致不传耶？姑记此疑，更俟详考。（二）范菼既非璨之长子，自有出继之可能。如陈兆仑以其次子玉敦出继其弟兆嵋之事，即可为证（见《紫竹山房文集》一五《仲弟眉山行略》）。果尔，则端生书中所谓之“翁”，乃菼出继之父，亦即璨之弟也。然欤？否欤？非所敢确言也。

至于范璨神道碑文撰者陆燿，其与陈端生父玉敦之关系，亦有可述者。燿与玉敦同于乾隆十九年以举人考授内阁中书。燿又于“〔乾隆〕三十五年八月选云南大理府知府，以亲老改补近省，十二月调山东登州府知府。三十六年调济南府知府”（见《耆献类征》一八三清国史馆《陆燿传》及《紫竹山房集》附载《陈句山先生年谱》"乾隆十九年甲戌"条)。则燿亦与玉敦同时同官山东登州。但史文简略，不知燿是否未到登州即改调济南耳。若燿果一莅登州者，则玉敦虽于乾隆三十六年正月丁父忧，然端生实于此年四月始返杭州(《再生缘》第十七卷第六十五回首节"辛卯旋南首夏天")。则燿之家庭如亦同在登州者，或尚可与端生相见。燿本为吴江人，吴江乃范璨原籍，即上引燿撰碑文中所谓"予于公为乡后学"者。燿于范墀为姻亲，虽不知始于何时，但陆范两家当早有交谊，而燿又与陈氏友好，岂端生与范菼之婚姻，即由陆氏所介绍耶？此乃大胆之妄测，殊不敢自信者也。

抑更可论者，范璨以乾隆三十一年卒，其年八十七。假定其在六七十岁间生子菼，则端生与菼结婚时，菼年当为三十余，而端生如上所论，已二十三岁。以当日社会婚嫁年龄常情推之，菼当是继娶无疑。璨有孙三人，孙女二人，不知其中孰是端生所生者，今亦不可考知矣。总而言之，未见陈范两氏家谱以前，端生夫婿问题实一悬案，不能满意解决也。(寅恪初疑陈端生之夫范某为乾隆时因收藏《顾亭林集》获罪，议遣戍而被赦免之范起凤。后又疑为乾隆间才女陈云贞之夫，以罪遣戍伊犁之范秋塘。搜索研讨，终知非是。然以此耗去目力不少，甚可叹，亦可笑也。)

至于乾隆四十五年顺天乡试科场一案，其中获罪诸人，除范菼以外，亦略有可论者。此案主犯陈七必有真实之名，当时谕旨及刑部奏疏仅称"陈七"者，盖承办此案之法官不欲多所牵连，故遂隐去其真名，而径以排行之称谓著之公牍耳。陈七之名今既无可考，兹可不论。若恒泰、春泰二人自是兄弟。高宗谕旨既言“削去旗籍”，又特改部议发往乌鲁木齐为发往伊犁，则此二人当是与乌鲁木齐有关之旗人无疑。勒善以不能禁约恒泰、春泰二人革职，则其人必是恒泰、春泰之家长。据此诸端推论，今于清代史料中，发见一勒福，颇合上列条件。然仍有疑义，尚待详考。兹姑引史料，略辨释之于下：

《耆献类征初篇》三二二《将帅类》六二载清国史馆《勒福传》略云：

> 勒福，初名勒善，哩那氏，蒙古镶蓝旗人。吐鲁番驻防。由委前锋校于乾隆五十八年派赴叶尔羌戍守一次。〔道光〕十五年二次俸满，经乌鲁木齐都统长清保荐，由兵部带领引见，得旨：“勒善著更名勒福。”二十年以年力就衰，命原品休致。二十三年卒。子祥泰骁骑校。

寅恪案：勒福本名勒善，清宣宗何以特改其原名，今不能详知。然其原名必有所避忌，自无可疑。其人既属吐鲁番驻防，又经乌鲁木齐都统长清保荐，似恒泰、春泰之由发往乌鲁木齐改为发往伊犁者，其理由或即在此。虽然，此勒福是否即乾隆四十五年顺天乡试科场案中之勒善，尚难断定。因传言勒福于道光二十年，以年力就衰致仕。则此时其年龄必已老迈，可以决言。若上推至乾隆四十五年，其间距离已有六十年之久，故乾隆四十五年顺天乡试科场案之时，其人之年龄至多亦当为二十岁上下，其所生之二子，至多亦不过数岁。纵此二子俱为“小时了了”之神童，然顺天乡试非神童特科，如此幼小年龄绝不能入闱应试。由是言之，恒泰、春泰必非勒福之子可知。但此勒福之子，其名为祥泰。以“泰”字为名，明是与恒泰、春泰为兄弟排行。否则天下恐无如此巧合之事也。颇疑恒泰、春泰乃勒福之侄，而非其子。谕旨中所谓不能“禁约子弟”者，乃泛指家长而言，非谓恒泰、春泰即其子或弟也。陶云鹤今无可考。唯有陶淑者，据《清朝进士题名碑》，乾隆二十二年丁丑科二甲二十九名为陶淑。其人乃江西南城县籍，虽名列等次颇高，然未入翰林馆选（参光绪修《江西通志》三二及三四《选举表》及光绪补道光修《建昌府志》七之四《选举表》，并《南城县志》七之二），以州县外职终老。此陶淑之仕宦年代甚合陶云鹤父之条件。但今所见史料殊为简略，不易决定此陶淑果是乾隆四十五年顺天乡试科场案中有关之人与否也。详检清代史传，陶姓淑名者，固不止一人。然时代相当，其他条件亦符合而又不为女性者，实止有江西南城陶淑一人。兹节录地方志之文，略辨释之于下。

《南城县志》八之二《宦业·陶淑传》（光绪补道光修《建昌府志》八《人物·宦业下》，又可参《畿辅通志》一九二《宦绩》一〇）略云：

> 陶淑，字作人，号秋山，南城人。乾隆癸酉中式北闱乡试。丁丑成进士。选授卢龙令。迁临榆。调衡水。升保安知州。以事诖误。补枣强令。内艰服阕。补陕西麟游令。前后服官四十余年。性耽吟咏，公暇与僚属相倡和，不以宦游偃蹇介意也。著有《秋山诗集》。（参光绪修《江西通志》一一一《艺文略·集部》五《别集》。又《南城县志》九之六《艺文》中载《陶淑姑山吟（七古）》一首。）

寅恪案：《陶淑传》中言其任保安州知州时“以事诖误”，而不明言其为何事。但据乾隆修《衡水县志》首载陶淑序（此序所署年时为乾隆三十二年丁亥季秋）云：

淑既受命衡水之五年，乃克纂辑县志，勒成一书。

道光修《保安州志》五《职官表·知州》载：

陶淑。（字秋山。江西南城。进士。重修州城。乾隆三十九年任。）

范清澄。（监生。署。）

李能聪。（广东四会县。贡生。乾隆四十五年任。）

嘉庆修《枣强县志》五《职官表·知县》乾隆四十九年任者凡四人：

范安仁。（署任。四川成都人。拔贡。）

陶淑。（江西南城人。丁丑进士。）

黄应隆。（署任。湖南宁乡人。副榜。）

蒯祖炳。（江苏吴江人。监生。）

可知陶淑任保安州知州“以事诖误”，当在乾隆四十五年。既在四十五年，则是陶云鹤之父，又可确定矣。总而言之，此科场案发往伊犁罪犯四人中，恒泰、春泰本是驻防乌鲁木齐之蒙古族，当不工于代古圣立言之八股文及颂今圣作结之试帖诗。（如戚本《石头记》第十八回“庆元宵贾元春归省，助情人林黛玉传诗”中林黛玉代倩作弊，为其情人贾宝玉所作《杏帘在望（五律）》诗，其结语云“盛世无饥馁，何须耕织忙”，及第五十回“芦雪庵争联即景诗，暖香坞雅制春灯谜”中李纹、李绮所联《即景联句（五言排律)》诗，其结语云“欲志今朝乐，凭诗祝舜尧”等即是其例。又悼红轩主人极力摹写潇湘妃子，高逸迈俗，鄙视科举，而一时失检，使之赋此腐句，颂圣终篇。若取与燕北闲人《儿女英雄传》第三十回“开菊宴双美激新郎，聆兰言一心攻旧业”中渴慕金花琼林宴及诰封夫人，而行酒令之十三妹比观，不禁为林妹妹放声一哭也。）陶云鹤既为乾隆二十二年丁丑科进士陶淑之子，若范菼之父又为乐志堂主人，则云鹤及菼二人俱属科举出身之家庭，代倩作弊，颇为可能。所可注意者，勒善、陶淑以恒泰、春泰、陶云鹤之故，牵连获罪，而范菼之父未闻累及，其人必已早死无疑。即使范菼虽已出继，而此时其继父当亦亡故。然则范菼为范璨之子，虽未得确据，但就菼父不被累及一端言之，亦可旁证此案中之范菼，即是乌程县南浔镇乐志堂之少主人也。

兹论陈端生生卒年月及其婿范某事迹之可考者已竟，请论端生撰《再生缘》之年月及地点如下。

《再生缘》第一卷第一回云：

闺帏无事小窗前，秋夜初寒转未眠。灯影斜摇书案侧，雨声频滴曲栏边。闲拈新思难成句，略捡微词可作篇。今夜安闲权自适，聊将彩笔写良缘。

寅恪案：以上为端生自述其初撰《再生缘》之年月也。然未明言是何年，又止言“秋夜初寒”，亦不注明何月。据此书第九卷第三十三回云：

五月之中一卷收，因多他事便迟留。停毫一月工夫废，又值随亲作远游。家父近将司马任，束装迢递下登州。

是从端生父玉敦赴山东登州府同知任期，逆数至前一年，即《再生缘》开始写作之年也。据端生祖兆仑《紫竹山房诗文集》附陈玉绳所撰《句山先生年谱》云：

> 〔乾隆〕三十四年八月，先生次子玉敦以中书改官山东登州府同知。

然则乾隆三十四年前一年即三十三年，乃《再生缘》开始写作之年也。

开始写作之年既定，开始写作之月为何月乎？据《再生缘》第二卷第五回首节略云：

> 仲冬天气已严寒，猎猎西风万木残。短昼不堪勤绣作，仍为相续《再生缘》。

是第二卷开始写于乾隆三十三年仲冬十一月。但第一卷第四回末节云：

> 书中虽是清和月，世上须知岁暮天。临窗爱趁朝阳暖，握管愁当夜气寒。

所谓“岁暮”者，实指冬季或即孟冬十月。否则第二卷明言开始写作于仲冬十一月，“昼短”即包含冬至之月，其前一卷绝无写于“岁暮”十二月之理也。故“岁暮”二字，不可拘泥误会。既是孟冬十月写成第一卷，则第一卷首节所谓“秋夜初寒”者，殆指季秋九月而言。据《句山先生年谱》乾隆三十三年戊子条下略云：

> 先生以先世兆域未卜，九月命长子（玉万）随侍周夫人率眷属南还。次子（玉敦）官中书，六年俸满，奉旨记名外用，留京供职。

可知乾隆三十三年九月间，端生之祖母周氏及伯父或伯父之妾林氏等（玉万有妾林氏，即安生、春生、桂生之母。见《紫竹山房文集》一五《冢妇吴氏行略》及一八《先府君〔暨〕先妣沈太夫人合葬墓志》）皆已回杭州。京寓中人少事简，而端生以长孙女之资格，平日所应担负之家务亦因之稍减，可以从事著作。其自谓"闺帏无事"乃是实情，故可推定《再生缘》开始写作于乾隆三十三年九月也。

开始写作年月既定，开始写作地点为何处乎？复据《句山先生年谱》"乾隆三十四年己丑"条下略云：

> 正月二十二日出京。

又"乾隆三十五年庚寅"条下略云：

> 五月假满赴阙，时长子（玉万）亦谒选，随侍入京。是月（八月）长子（玉万）选授山东济阳县知县。先生初至京，借寓汪芍坡给谏（新）宅。九月杪移归外廊营旧宅。

可知陈兆仑全家本居北京外廊营旧宅。乾隆三十三年九月，端生伯父随侍端生祖母，率眷属先回杭州。三十四年正月，端生祖父又返原籍。同年秋间，端生父玉敦一房赴任登州。至三十五年五月兆仑率玉万等返京之后，不径回外廊营旧宅，而借寓汪芍坡（新）宅者，当由此时汪氏以户科给事中充江南乡试副考官，故兆仑等得于是年夏秋时间借寓汪宅。至于陈汪两家之关系，则汪芍坡与兆仑同是杭州人，其夫人方芷斋（芳佩）之父涤山（宜照）又为兆仑丱角旧友，观《紫竹山房诗集》一〇《方涤山为婿汪编修（新）迎至邸寓（七律）》，可以推见也。然则兆仑于乾隆三十五年九月迁回外廊营旧宅，其子玉万、玉敦两房皆已往山东，（寅恪以为玉万、玉敦本为同胞兄弟，虽据《紫竹山房文集》一五《仲弟眉山行略》，玉敦曾出继其胞叔兆嵋，仍是同祖兄弟。但此次兄弟二人，同官山东，据《陈句山先生年谱》“乾隆三十五年庚寅”条，后又同官江南，其所以不回避同省者，盖由同知及知县之官秩皆在道府以下，与前引杨芳灿事例不同也。）不复寓外廊营矣。但外廊营旧宅实是《再生缘》发祥之所，故为最有价值之地，盖端生撰《再生缘》自第一卷至第八卷，即自乾隆三十三年九月至三十四年五月，皆在北京外廊营旧宅。此宅是否即王兰泉《紫竹山房诗文集》序中所指之宅，今虽不能确知，但序文中“入其家，衡门两版，凝尘满席”之语，恐能适用于兆仑在京所居之诸宅，（兆仑在京所居之宅今可考知者，尚有粉房琉璃街、贾家胡同、铁老鹳庙巷、棉花胡同、虎坊桥等地。可参光绪修《顺天府志·京师志》一四《坊巷下》。）其皆非宏丽，可以推知也。端生于《再生缘》第十七卷第六十五回首节云“追忆闺中幼稚年”及“隔墙红杏飞晴雪，映榻高槐覆晚烟”，虽似指登州同知官舍而言，然“红杏高槐”乃北方所常见，本非限于一地，若视作描绘外廊营旧宅之语，则于久客长安，习知宣南坊宅情况之人，更觉端生此言亲切有味，亦不必过泥至认为止可适用于牟子旧邦（《再生缘》第十四卷第五十六回末节云：“锦绮装成牟子国。”）景物之描写也。《再生缘》第九卷至第十六卷，写端生自乾隆三十四年八月中秋起至三十五年三月春暮止，在登州同知官舍内所写。此八卷约经七月之久写成，虽端生自云“前几本，虽然笔墨功夫久，这一番，越发芸缃日月遥”（见

《再生缘》第十六卷第六四回末节），其实依端生撰写第八卷以前之平均速度计之，并非迟缓。此不过词人才女感慨抝谦之语，读者不宜拘执也。或者端生此时早已见及其母汪氏之病渐已增剧，又已身不久亦将于归，人事无常，俗累益重，所以日夜写作，犹恐迟缓，其于《再生缘》第十七卷首节所谓“由来蚤觉禅机悟”者，殆亦暗示此意耶？此一段时期为端生一生最愉快之岁月。《再生缘》第十七卷首节所言“地邻东海潮来近，人在蓬山快欲仙”，（“蓬山”盖兼指登州府蓬莱县。古典今事合为一词，端生才华于此可见一斑也。）即端生于乾隆四十九年甲辰续写《再生缘》时，追忆此时期生活之语也。兹不详述此时期每卷写作之年月，仅移录其第九卷开始写作时及第十六卷完成时之记载，略加诠释于下。

《再生缘》第九卷第三十三回首节略云：

> 家父近将司马任，束装迢递下登州。行船人杂仍无续，起岸匆匆出德州。陆道艰难身转乏，官程跋涉笔何搜。连朝耽搁出东省，到任之时已仲秋。今日清闲官舍住，新词九集再重修。这正是，光阴如骏马加鞭，人事似落花流水。
>
> 转眼中秋月已残，金风争似朔风寒。欲着幽情无着处，从容还续再生缘。

又同书第十六卷第六十四回末节略云：

> 起头时，芳草绿生才雨好，收尾时，杏花红坠已春消。良可叹，实堪夸。（寅恪案：“夸”疑当作“嘲”。）流水光阴暮复朝。别绪闲情收拾去，我且得，（寅恪案：坊间铅印本“得”作“待”，似更佳。）词登十七润新毫。

寅恪案：端生虽是曹雪芹同时之人，但其在乾隆二十五年春暮写成《再生缘》第十六卷时，必未得见《石头记》，自不待言。所可注意者，即端生杏坠春消，光阴水逝之意固原出于玉茗堂之“如花美眷，似水流年”之句，却适与《红楼梦》中林黛玉之感伤不期冥会（戚本《石头记》第二十三回“西厢记妙词通戏语，牡丹亭艳曲警芳心”之末节）。不过悼红仅间接想象之文，而端生则直接亲历之语，斯为殊异之点，故《再生缘》伤春之词尤可玩味也。寅恪近有看花送春之作，亦关涉牡丹红杏者，故附录于此。诗之词句重复钩连，固是摹拟绘影阁体。然意浅语拙，自知必为才女之鬼所鄙笑也。

《甲午岭南春暮忆燕京崇效寺牡丹及青松红杏卷子有作》：

回首燕都掌故花，花开花落隔天涯。天涯不是无归意，争奈归期抵死赊。（改宋人词语。）红杏青松画已陈，兴亡遗恨尚如新。山河又送春归去，肠断看花旧日人。

复次，端生于乾隆三十四年秋，随父玉敦由北京赴山东登州同知任所，其初一段行程为舟行，盖取道运河也。其自言“行船人杂仍无续”，则于第十七卷首节所言“归棹夷犹翻断简”者，情形殆不同矣。端生于乾隆三十六年夏间返杭，自是舟行，大约亦由德州乘船，其登州德州一段路程，仍是乘车陆行，与前此自北京赴登州时，由德州登岸乘车者不异。所谓“陆道艰难身转乏”者，则昔时深闺弱质(《再生缘》第十七卷首节有“幸赖翁姑怜弱质”之句)，骡车陆行之苦况，有非今日交通便利之时代所能了解者矣。又《再生缘》第十七卷首节云“自从憔悴堂萱后，遂使芸缃彩笔捐”及

“庚寅失恃新秋月，辛卯南旋首夏天”，则端生之母汪氏自乾隆三十五年暮春以后即病剧，端生因此不能从事写作，至是年七月其母汪氏病逝，更不能继续撰著。直至乾隆四十九年甲辰仲春方始续写第十七卷，此端生所谓“悠悠十二年来事，尽在明堂一醉间”者，即由乾隆三十六年辛卯后一年壬辰算起，至乾隆四十八年癸卯止，实为十二年。端生所以从壬辰年算起者，因在辛卯年自登州返杭州途中，于《再生缘》十六卷稿本犹略有所修改。《再生缘》第十七卷首节谓“归棹夷犹翻断简，深闺闲暇待重编。由来蚤觉禅机悟，可奈于归俗累牵”，即指此而言。盖端生以母病剧辍写，返杭州途中稍加修改，及到杭州后，即为俗事牵累搁置此稿，直至经过十二年之久，方始续写也。呜呼！端生于乾隆三十五年辍写《再生缘》时，年仅二十岁耳。以端生之才思敏捷，当日亦自谓可以完成此书，绝无疑义。岂知竟为人事俗累所牵，遂不得不中辍。虽后来勉强续成一卷，而卒非全璧，遗憾无穷。至若“禅机蚤悟”，俗累终牵，以致暮齿无成，如寅恪今日者，更何足道哉！更何足道哉！此十二年后所续写者，即今《再生缘》第十七卷，卷中首节及末节端生自述其撰著年月及续写经过颇详，上文已移录之矣。

《再生缘》第十七卷第六十五回首节云“岁次甲辰春二月，芸窗仍写再生缘”，及第六十八回末节云“八十张完成一卷，慢慢的，冰弦重拨待来春”，则端生自乾隆四十九年二月至十二月，将近一年之时间，仅成此一卷，与前此写作此书之速度不大相侔，斯盖其心身及环境之变迁所致。否则以端生之才华，绝不至如《平山冷燕》第六回中宋山人之被才女冷绛雪笑为“一枝斑管千斤重，半幅花笺百丈长”者也。《再生缘》第十七卷第六十八回末节云“向阳为趁三年日，入夜频挑一盏灯”者，（此句法与第一卷第四回末节之“临窗爱趁朝阳暖，握管愁当夜气寒”正同，而意境则大异也。）端生自谓前此写成十六卷，起于乾隆三十三年秋晚，讫于三十五年春暮，首尾三年，昼夜不辍。今则“殊非是，拈毫弄墨旧时心”，其绸缪恩纪、感伤身世之意溢于言表，此岂今日通常读《再生缘》之人所能尽喻者哉？今观第十七卷之文字，其风趣不减于前此之十六卷，而凄凉感慨，反似过之。则非“江淹才尽”，乃是“庾信文章老更成”，抑又可知也。（庾信《哀江南赋》云：“天道周星，物极不反。”盖子山谓岁星十二年一周天，人事亦当如之。今既不然，可悲甚矣。端生云：“悠悠十二年来事，尽在明堂一醉间。”又云：“岁次甲辰春二月，芸窗仍写再生缘。”自《再生缘》十六卷写完，至第十七卷续写，其间已历十二年之久，天道如此，人事宜然。此端生之所以于第十七卷之首，开宗明义即云：“搔首呼天欲问天，问天天道可能还。”古典今情合为一语，其才思之超越固不可及，而平日于子山之文深有解会，即此可见。寅恪读《再生缘》，自谓颇能识作者之用心，非泛引杜句，以虚词赞美也。）至其所以未续完此书者，今日不易确言。据陈文述《西泠闺咏》一五《绘影阁咏家□□》诗序云：“婿不归，此书无完全之日也。婿遇赦归，未至家，而□□死。”陈氏所言此书之不完成，在端生自身之不愿意，其说亦似有理。因端生于第十七卷首节述其续写此书，由于亲友之嘱劝，必使完成“射柳姻缘”。其结语云：“造物不须相忌我，我正是，断肠人恨不团圆。”则其悲恨之情可以想见，殆有婿不归，不忍续，亦不能强续之势也。若不然者，此书不续成之故在端生之早死，或未死前久已病困，遂不能写成，抑或第十七卷后，虽有续写之稿，但已散佚不全，今日皆不能考知。依上文所论，端生之卒年，当在戴佩荃之死（即在乾隆四十三年秋季）与陈桂生请王昶作《紫竹山房集序》（即在嘉庆元年）前后两时限之间。若范某援乾隆五十五年高宗八旬万寿庆典恩赦获归，则端生续完《再生缘》第十七卷时，已在乾隆四十九年甲辰冬季，至此庆典时，止有五六年之久，假使端生无续写第十八卷之事，或由于病困亦未可知。若范某援嘉庆元年内禅授受庆典恩赦获归，则自乾隆四十九年至此庆典时，已有十一年之久，时间颇长，更无一卷之再续，当非由于病困，可以推知也。倘使端生实已写第十七卷以下之稿，而后来散佚不传者，则其散佚当在云南。（假定上文论端生曾随父往云南之说不误。）但乾隆四十三年端生必已随父由云南归浙江。今知第十七卷之稿既能流传于浙江，第十七卷以下诸卷之稿转又散佚，似亦不近情理。综合诸点推论，陈文述婿不归，不愿续成之说，似甚有根据，不可因此叟平日好作狡狯，遂谓其说亦出虚构也。兹论陈端生写作《再生缘》之经过既竟，请略论《再生缘》之思想、结构、文词三点于下：

（一）思想。今人所以不喜读此书之原因颇多，其最主要者，则以此书思想陈腐，如女扮男装、中状元、作宰相等俗滥可厌之情事。然此类情事之描写，固为昔日小说弹词之通病，其可厌自不待言。寅恪往日所以不喜读此等书者，亦由此故也。年来读史，于知人论事之旨稍有所得，遂取《再生缘》之书与陈端生个人身世之可考见者相参会，钩索乾隆朝史事之沉隐，玩味《再生缘》文词之优美，然后恍然知《再生缘》实弹词体中空前之作，而陈端生亦当日无数女性中思想最超越之人也。夫当日一般人所能取得之政治上最高地位为宰相，社会上最高地位为状元，此两事通常皆由科举之途径得之。而科举则为男性所专占之权利。当日女子无论其才学如何卓越，均无与男性竞争之机会，即应试中第、做官当国之可能。此固为具有才学之女子心中所最不平者，而在端生个人，尤别有更不平之理由也。当清代乾隆之时，特崇奖文学，以笼络汉族，粉饰太平，乾隆初年博学鸿词科之考试，即是一例。（此科之发起虽在雍正时，而高宗即位后，继续于乾隆元年二月谕，给发先期到京应试者膏火银两。又于临试之期，以天气渐寒，着在保和殿内考试。此皆足表示特重是科之意，其借文词科试，以笼络汉人之用心，亦可窥见矣。）此科试题较康熙十八年博学鸿词科特难，其得中式者，不过十五人。当时以文章知名之士，如袁简斋之流，虽预试而未获选，其难可以推见也。端生之祖句山，即由此华选，望重当世。端生在幼年之时，本已敏慧，工于吟咏，自不能不特受家庭社会之熏习及反应。其父玉敦、伯父玉万辈之才学似非卓越。（寅恪未能多见玉敦作品，自不敢确言。然丁申、丁丙《杭郡诗三辑》一〇载有玉敦《挽天都汪复斋先生（五古）》一首。观其诗，仍是紫竹山房之派，与绘影、绘声姊妹之作才华绵丽者，固区以别矣。）至于其弟安生、春生、桂生等，当时年尚幼稚，（《耆献类征》一九七《疆臣》四九《陈桂生传》止载桂生卒于道光二十年，而不言其寿至何岁。但据《紫竹山房文集》一五《冢妇吴氏行略》所述，玉万纳妾林氏即桂生母事，推计之，则端生于乾隆三十三年初撰《再生缘》时，桂生之年龄至多不过十岁上下耳。）亦未有所表见，故当日端生心目中，颇疑彼等之才性不如己身及其妹长生。然则陈氏一门之内，句山以下，女之不劣于男，情事昭然，端生处此两两相形之环境中，其不平之感，有非他人所能共喻者。职此之故，端生有意无意之中造成一骄傲自尊之观念。此观念为他人所不能堪，在端生亦未尝不自觉，然固不屑顾及者也。如《再生缘》第三卷第九回云：

> 已废女工徒岁月，因随母性学痴愚。芸窗纸笔知多贵，秘室词章得久遗。不愿付刊经俗眼，惟怜（寅恪案：坊间铅印本“怜”作“将”，似更佳）存稿见闺仪。（此节谭正璧《中国女性文学史》下册第七章第四节已论及。）

可见端生当戏写《再生缘》时，他人已有不安女子本分之议论。故端生著此一节，以示其不屑顾及之意。“因随母性学痴愚”之语，殆亦暗示不满其母汪氏未能脱除流俗之见也。

《再生缘》一书之主角为孟丽君，故孟丽君之性格，即端生平日理想所寄托，遂于不自觉中极力描绘，遂成为己身之对镜写真也。

观《再生缘》第十卷第三十九回述皇甫少华迎娶刘燕玉一节云：

> 皇甫家忠孝王的府第造于外廊营内，阮京兆大人的私衙却在烂面胡同。这边迎亲的花轿转来，正从米市胡同孟家龙图相国的衙门前经过。

及同书第十一卷第四十一回中，述刘燕玉至孟丽君之父母孟士元韩氏家，拜认为孟韩之继女时，士元送燕玉至厅院前，其言曰：

叽！人夫们，轿子抬稳呵！

连日晴明雪水流，泥泞一路是车沟。小心仔细休轻忽，外廊营，进口艰难我却愁。

然则皇甫少华家在外廊营，即是孟丽君终身归宿之夫家在外廊营。据上引《陈句山年谱》“乾隆三十五年”条，知陈兆仑亦寓外廊营。端生乾隆三十三年秋间初写《再生缘》时，即在外廊营宅也。端生无意中漏出此点，其以孟丽君自比，更可确定证明矣。至端生所以不将孟丽君之家，而将皇甫少华之家置于外廊营者，非仅表示其终身归宿之微旨，亦故作狡狯，为此颠倒阴阳之戏笔耳。又观第十七卷第六十七回中孟丽君违抗皇帝御旨，不肯代为脱袍；第十四卷第五十四回中孟丽君在皇帝之前，面斥孟士元及韩氏，以致其父母招受责辱；第十五卷第五十七回中孟丽君夫之父皇甫敬欲在丽君前屈膝请行，又亲为丽君挽轿；第八卷第三十回中皇甫敬撩衣向丽君跪拜；第六卷第二十二回、第二十三回、第二十四回；及第十五卷第五十八回中皇甫少华（即孟丽君之夫）向丽君跪拜诸例，（寅恪案：端生之祖兆仑于雍正十三年乙卯考取内阁中书一等一名，又于乾隆元年丙辰考取博学鸿词科。至乾隆十七年壬申，副兵部侍郎观保典顺天武乡试。此科解元顾麟即于是年中式会元、状元，为武三元。可参《紫竹山房文集》八《顺天武乡试录后序》、一九《顺天武乡试策问》，及《陈句山先生年谱》有关诸年等条。《再生缘》中述孟丽君中文状元，任兵部尚书，考取皇甫少华为武状元。

岂端生平日习闻其祖门下武三元之美谈，遂不觉取此材料，入所撰书，以相影射欤?）则知端生心中于吾国当日奉为金科玉律之君父夫三纲，皆欲借此等描写以摧破之也。端生此等自由及自尊即独立之思想，在当日及其后百余年间，俱足惊世骇俗，自为一般人所非议。故续《再生缘》之梁德绳于第二十卷第八十回中，假皇甫敬之口斥孟丽君，谓其“习成骄傲凌夫子，目无姑舅乱胡行”，作笔生花之邱心如于其书第一卷第一回中，论孟丽君之失，谓其“竟将那，劬劳天性一时捐。阅当金殿辞朝际，辱父欺君太觉偏”，可为例证也。噫！中国当日智识界之女性，大别之，可分为三类。第一类为专议中馈酒食之家主婆。第二类为忙于往来酬酢之交际花。至于第三类，则为端生心中之孟丽君，即其本身之写照，亦即杜少陵所谓“世人皆欲杀”者。前此二类滔滔皆是，而第三类恐止端生一人或极少数人而已。抱如是之理想，生若彼之时代，其遭逢困厄，声名湮没，又何足异哉！又何足异哉！至于神灵怪诞之说、地理历史之误，本为吾国小说通病，《再生缘》一书亦不能免。然自通识者观之，此等瑕疵或为文人狡狯之寓言，固不可泥执；或属学究考据之专业，更不必以此苛责闺中髫龄戏笔之小女子也。

（二）结构。综观吾国之文学作品，一篇之文，一首之诗，其间结构组织，出于名家之手者，则甚精密，且有系统。然若为集合多篇之文多首之诗而成之巨制，即使出自名家之手，亦不过取多数无系统或各自独立之单篇诗文汇为一书耳。其中固有例外之作，如刘彦和之《文心雕龙》，其书或受佛教论藏之影响，以轶出本文范围，故不置论。又如白乐天之新乐府，则拙著《元白诗笺证稿·新乐府章》中言之已详，亦不赘论。至于吾国小说，则其结构远不如西洋小说之精密。在欧洲小说未经翻译为中文以前，凡吾国著名之小说，如《水浒传》、《石头记》与《儒林外史》等书，其结构皆甚可议。寅恪读此类书甚少，但知有《儿女英雄传》一种殊为例外。其书乃反《红楼梦》之作，世人以其内容不甚丰富，往往轻视之。然其结构精密，颇有系统，转胜于曹书，在欧西小说未输入吾国以前，为罕见之著述也。哈葛德者，其文学地位在英文中并非高品。所著小说传入中国后，当时桐城派古文名家林畏庐深赏其文，至比之史迁。能读英文者，颇怪其拟于不伦。实则琴南深受古文义法之熏习，甚知结构之必要，而吾国长篇小说则此缺点最为显著，历来文学名家轻视小说，亦由于是。（桐城派名家吴挚甫序严译《天演论》，谓文有三害，小说乃其一。文选派名家王壬秋鄙韩退之、侯朝宗之文，谓其同于小说。）一旦忽见哈氏小说，结构精密，遂惊叹不已，不觉以其平日所最崇拜之司马子长相比也。今观《再生缘》为续《玉钏缘》之书，而《玉钏缘》之文冗长支蔓，殊无系统结构，与《再生缘》之结构精密，系统分明者，实有天渊之别。若非端生之天才卓越，何以得至此乎？总之，不支蔓有系统，在吾国作品中，如为短篇，其作者精力尚能顾及，文字剪裁，亦可整齐。若是长篇巨制，文字逾数十百万言，如弹词之体者，求一叙述有重点中心，结构无夹杂骈枝等病之作，以寅恪所知，要以《再生缘》为弹词中第一部书也。端生之书若是，端生之才可知，在吾国文学史中亦不多见。但世人往往不甚注意，故特标出之如此。韩退之云："发潜德之幽光。"寅恪之草此文，犹退之之意也。

（三）文词。《紫竹山房文集》七《才女说》略云：

> 世之论者每云，女子不可以才名，凡有才名者往往福薄。余独谓不然。福本不易得，亦不易全。古来薄福之女，奚啻千万亿，而知名者，代不过数人，则正以其才之不可没故也。又况才福亦常不相妨。娴文事而享富贵以没世者，亦复不少，何谓不可以才名也。
>
> 诚能于妇职余闲，流览坟素，讽习篇章，因以多识故典，大启性灵，则于治家相夫课子皆非无助。以视村姑野媪惑溺于盲子弹词，乞儿说谎，为之啼笑者，譬如一龙一猪，岂可以同日语哉？又《经解》云：温柔敦厚，《诗》教也。由此思之，则女教莫诗为近，才也而德即寓焉矣。

寅恪案：句山此文殊可注意，吾国昔时社会惑于“女子无才便是德”之谬说，虽士大夫之家，亦不多教女子以文字。今观端生、长生姊妹，俱以才华文学著闻当世，则句山家教之力也。句山所谓“娴文事享富贵”者，长生庶几近之。至若端生，则竟不幸如世论所谓“女子不可以才名，凡有才名者往往福薄”。悲夫！句山虽主以诗教女子，然深鄙弹词之体。此老迂腐之见囿于时代，可不深论。所可笑者，端生乘其回杭州之际，暗中偷撰《再生缘》弹词。逮句山反京时，端生已挟其稿往登州以去。此老不久病没，遂终身不获见此奇书矣。即使此老三数年后，犹复健在，孙女辈日侍其侧者，而端生亦必不敢使其祖得知其有撰著村姑野媪所惑溺之弹词之事也。不意人事终变，“天道能还”（《再生缘》第十七卷第六十五回首节云：“问天天道可能还。”），《紫竹山房诗文集》若存若亡，仅束置图书馆之高阁，博雅之目录学者或略知其名。而《再生缘》一书，百余年来吟诵于闺帏绣闼之间，演唱于书摊舞台之上。近岁以来虽稍衰歇，不如前此之流行，然若一取较其祖之诗文，显著隐晦，实有天渊之别，斯岂句山当日作才女说，痛斥弹词之时所能料及者哉！今寅恪殊不自量，奋其谫薄，特草此文，欲使《再生缘》再生，句山老人泉底有知，以为然耶？抑不以为然耶？《再生缘》之文，质言之，乃一叙事言情七言排律之长篇巨制也。关于天竺希腊及西洋之长篇史诗，与吾国文学比较之问题，以非本文范围，兹不置论。仅略论吾国诗中之排律，以供读《再生缘》者之参考。

《元氏长庆集》五六《唐故工部员外郎杜君墓系铭（并序）》略云：

> 山东人李白亦以奇文取称，时人谓之李杜。予观其壮浪纵恣，摆去拘束，模写物象，及乐府歌诗，诚亦差肩于子美矣。至若铺陈终始，排比声韵，大或千言，次犹数百，词气豪迈，而风调清深，属对律切，而脱弃凡近，则李尚不能历其藩翰，况堂奥乎？

姚鼐《今体诗钞·序目》略云：

> 杜公今体四十字中包涵万象，不可谓少。数十韵百韵中运掉变化如龙蛇，穿贯往复如一线，不觉其多。读五言至此，始无余憾。余往昔见（钱）蒙叟笺，于其长律，转折意绪都不能了，颇多谬说，故详为全释之。

同书《五言》六“杜子美”下注略云：

> 杜公长律有千门万户开阖阴阳之意。元微之论李杜优劣，专主

此体。见虽少偏，然不为无识。自来学杜公者，他体犹能近似，长律则愈邈矣。〔元〕遗山〔《论诗绝句》〕云：“〔排比铺张特一途，文章如此亦区区。〕少陵自有连城璧，争奈微之识碔砆。”有长律如此，而目为碔砆，此成何论耶？杜公长律旁见侧出，无所不包，而首尾一线，寻其脉络，转得清明。他人指成褊隘，而意绪或反不逮其整晰。

寅恪案：微之、惜抱之论精矣，兹不必再加引申，以论杜诗。然观吾国佛经翻译，其偈颂在六朝时，大抵用五言之体，唐以后则多改用七言。盖吾国语言文字逐渐由短简而趋于长烦，宗教宣传，自以符合当时情状为便，此不待详论者也。职是之故，白香山于作《秦中吟》外，更别作新乐府。《秦中吟》之体乃五言古诗，而新乐府则改用七言，且间以三言，蕲求适应于当时民间歌咏，其用心可以推见也（可参拙著《元白诗笺证稿·新乐府章》）。弹词之文体即是七言排律，而间以三言之长篇巨制。故微之、惜抱论少陵五言排律者，亦可以取之以论弹词之文。又白香山之乐府及后来摹拟香山，如吴梅村诸人之七言长篇，亦可适用微之、惜抱之说也。弹词之作品颇多，鄙意《再生缘》之文最佳，微之所谓“铺陈终始，排比声韵”“属对律切”，实足当之无愧，而文词累数十百万言，则较“大或千言，次犹数百”者，更不可同年而语矣。世人往往震矜于天竺希腊及西洋史诗之名，而不知吾国亦有此体。外国史诗中宗教哲学之思想，其精深博大，虽远胜于吾国弹词之所言，然止就文体立论，实未有差异。弹词之书，其文词之卑劣者，固不足论。若其佳者，如《再生缘》之文，则在吾国自是长篇七言排律之佳诗，在外国亦与诸长篇史诗至少同一文体。寅恪四十年前常读希腊梵文诸史诗原文，颇怪其文体与弹词不异。然当时尚不免拘于俗见，复未能取《再生缘》之书以供参证，故噤不敢发。荏苒数十年，迟至暮齿，始为之一吐，亦不顾当世及后来通人之讪笑也。

抑更有可论者，中国之文学与其他世界诸国之文学，不同之处甚多，其最特异之点，则为骈词俪语与音韵平仄之配合。就吾国数千年文学史言之，骈俪之文以六朝及赵宋一代为最佳。其原因固甚不易推论，然有一点可以确言，即对偶之文往往隔为两截，中间思想脉络不能贯通。若为长篇，或非长篇，而一篇之中事理复杂者，其缺点最易显著。骈文之不及散文，最大原因即在于是。吾国昔日善属文者，常思用古文之法作骈俪之文。但此种理想能具体实行者，端系乎其人之思想灵活，不为对偶韵律所束缚。六朝及天水一代思想最为自由，故文章亦臻上乘，其骈俪之文遂亦无敌于数千年之间矣。若就六朝长篇骈俪之文言之，当以庾子山《哀江南赋》为第一。若就赵宋四六之文言之，当以汪彦章《代皇太后告天下手书》（《浮溪集》一三）为第一。此文篇幅虽不甚长，但内容包含事理既多，而文气仍极通贯。又此文之发言者，乃先朝被废之皇后。以失去政权资格之人，而欲建立继承大统之君主，本非合法，不易立言。但当日女真入汴，既悉数俘虏赵姓君主后妃宗室北去，舍此仅遗之废后外，别无他人，可借以发言，建立继统之君，维系人心，抵御外侮。情事如此，措词极难，而彦章文中“虽举族有北辕之衅，而敷天同左袒之心”两句即足以尽情达旨。至于“汉家之厄十世，宜光武之中兴。献公之子九人，惟重耳之尚在”，古典今事比拟适切，固是佳句。然亦以语意较显，所以特为当时及后世所传诵。职是之故，此文可认为宋四六体中之冠也。庾、汪两文之词藻固甚优美，其不可及之处，实在家国兴亡哀痛之情感于一篇之中能融化贯彻，而其所以能运用此情感融化贯通无所阻滞者，又系乎思想之自由灵活。故此等之文，必思想自由灵活之人始得为之。非通常工于骈四俪六，而思想不离于方罫之间者，便能操笔成篇也。今观陈端生《再生缘》第十七卷中自序之文（上文已引），与《再生缘》续者梁楚生第二十卷中自述之文，两者之高下优劣立见。其所以至此者，鄙意以为楚生之记诵广博虽或胜于端生，而端生之思想自由则远过于楚生。撰述长篇之排律骈体，内容繁复，如弹词之体者，苟无灵活自由之思想，以运用贯通于其间，则千言万语尽成堆砌之死句，即有真实情感，亦堕世俗之见矣。不独梁氏如是，其他如邱心如辈，亦莫不如是。《再生缘》一书，在弹词体中所以独胜者，实由于端生之自由活泼思想，能运用其对偶韵律之词语，有以致之也。故无自由之思想，则无优美之文学，举此一例，可概其余。此易见之真理，世人竟不知之，可谓愚不可及矣。

端生《再生缘》之文如此，则平日之诗文亦非凡俗，可以推见。惜其所著《绘影阁集》无一字遗传。袁简斋在乾隆时，为最喜标榜闺阁诗词之人，而其所编著之《随园诗话》、《随园女弟子诗》及《同人集》等书，虽载陈句山、陈长生之诗，而绝不及端生一字，岂出于长生之不愿，抑或简斋之不敢，今不能确言。颇疑《再生缘》中其对句之佳者，如第十七卷首节中"隔墙红杏飞晴雪，映榻高槐覆晚烟""午绣倦来还整线，春茶试罢更添泉"之类，即取

《绘影阁集》中早年诗句足成。若此推论不误，则是《绘影阁集》尚存一二于天壤间，亦可谓不幸中之幸也。至于绘影阁之取名，自与“绘影绘声”之成语有关，而长生之集名“绘声阁”，即从其姊之集名而来，固不待论。然“绘影”一词，或与其撰著弹词小说，描写人物“惟妙惟肖”之意有关。又或端生自身亦工绘画，观其于《再生缘》第三卷第十回中，描写孟丽君自画其像一节，生动详尽，乃所以反映己身者耶？（可参《再生缘》第十六卷第六十三回“太后命孟丽君画送子观音”一节。）前引长生寄外诗云“年来心事托冰纨”，又有《织素图》及《桂馨图》（可参吴昌绶《松邻遗集》六《题桂馨图后》及徐世昌《晚晴簃诗汇》一八五《陈长生诗选》附《诗话》）等之记载流传，则长生之工画，由于叶绍楏之渐染，或受其姊之影响，俱不可知，姑记于此，更俟详考。论陈端生事迹之可考见者及其撰著《再生缘》本末，并略论其思想结构文词既竟，兹请论《再生缘》续撰者梁德绳之事迹及其所撰之续本于下：

梁德绳为梁诗正之孙女，梁敦书之女，许宗彦之室。其生平事迹详见阮元所著《梁恭人传》（见《古春轩诗钞》首及闵尔昌编《碑传集补》五九《列女》一）。其所著《古春轩诗钞》上下两卷及卷后所附词亦皆流传（参徐乃昌《小檀栾室汇刻闺秀词》第一集第七种梁德绳《古春轩词》，又潘衍桐《两浙輶轩续录》五三并徐世昌《晚晴簃诗汇》一八六所选梁德绳诗）。今此文关于德绳之事迹及著述均不多所旁涉，止专论其续撰《再生缘》一事。但德绳之性格及其家庭环境、夫妇关系等与端生颇异，此文遂亦不得不于此三事略加讨论，以其有关《再生缘》原本及续本之特点故也。

今《再生缘》共二十卷，其第十八卷至第二十卷为续前十七卷之作，此续者于第十八卷首即已自言之矣。但续者为何人及何时所续，则有考论之必要。陈文述《西泠闺咏》十五（前文已引，但因论辨之便利，节录之于此）略云：

> □□撰《再生缘》南词，托名女子郦明堂，男装应试及第，为宰相，与夫同朝，而不合并，以寄别凤离鸾之感。曰，婿不归，此书无完全之日也。婿遇赦归，未至家，而□□死。许周生、梁楚生夫妇为足成之，称完璧焉。

据陈氏所言，《再生缘》中郦明堂与夫同朝，而不合并，乃端生所以寄其"别凤离鸾之感"者。殊不知端生撰成《再生缘》第十六卷时，尚未适范氏。今观此卷所述孟丽君、皇甫少华亦已"同朝而不合并"，则端生必无预知其夫婿有戍边之事，何从在十年之前即寄其后日"别凤离鸾之感"耶？此大不可通者也。又据续《再生缘》者于第二十卷末节（前文已详引，兹节录之）略云：

> 我亦缘悭甘茹苦，悠悠卅载悟前缘。有感再生缘作者，半途而废了生前。偶然涉笔闲消遣，巧续人间未了缘。

则是续者明言在其夫已死之后，有感于陈端生"别凤离鸾"之遭遇而续《再生缘》也。文述既言续《再生缘》者为许周生与梁楚生夫妇二人，则楚生何得于周生未死之前，预有此感？周生岂亦于其未死之前，早为其妻作寄感之预备，而相与共续此书耶？此又大不可通者也。然则文述之言全不可信乎？是又不然。盖文述之言乃依据其媳汪端传述而来。端为楚生姊之女，又少养于楚生家，（《古春轩诗钞》上有五古一篇，题为《小韫甥女于归吴门以其爱诗为吟五百八十字送之即书明湖饮饯图后》，可以参证。此诗疑是嘉庆十七年楚生寓杭州时所作。）所传必非虚妄，不过文述自身实未尝详察《再生缘》全书内容，故有上述两种错误，即：（一）误以为端生作书之缘起，实由于其婿范某之遣戍。（二）周生、楚生夫妇共续此书。至于此书之原作者为端生，续之者为楚生，则殊不误。不但不误，吾人今日得知《再生缘》之原作者及续作者姓名，舍文述一人之著述外，尚未见其他记载一及斯事。观于此点，文述实有大功，不可湮没者也。

楚生续《再生缘》之年代，及此书之初刻在何年，两点颇成问题。兹略论之于下。

今刻本《再生缘》首载有序文略云：

> 《再生缘》传钞数十载，尚无镌本。因惜作者苦思，删繁撮要。
>
> 道光元年季秋上浣日书。
>
> 香叶阁主人稿。

寅恪案：香叶阁主人乃侯芝之别号（参谭正璧《中国女性文学史》第七章第五节），其事迹及著述兹不详考，惟此序实有两点可疑。（一）依序所言，则今刻本已经侯芝所删节。但今所见《再生缘》之刻本，其中脱误颠倒之处颇多，当是由于抄写不慎所致。若侯香叶果有删削之事，恐不至前后文句不相连贯一至于此。然则依据今本实不能确证此书曾经删削一过也。（二）此序中所言之《再生缘》，虽未明言为十七卷，抑或二十卷，但依其文气言之，则似为二十卷本之全书。否则序中必论及此点，斯可以默证推知者。若果为二十卷本之全书，则序文所署之年月为不可通。据陈寿祺《左海文集》一〇《许君（宗彦）墓志铭》略云：

〔嘉庆〕二十三年十二月廿二日卒。其生以乾隆三十三年正月初一日子时，春秋五十有一。夫人梁氏，内阁大学士讳诗正谥文庄公孙女、工部侍郎讳敦书女。

梁德绳《古春轩诗钞》首载阮元撰《梁恭人传》（参闵尔昌《碑传集补》五九）略云：

恭人姓梁氏，名德绳，号楚生。兵部车驾司主事德清周生许君宗彦配也。驾部年十九，与予同举〔乾隆五十一年〕丙午科乡试。〔嘉庆四年〕己未科会试，驾部甫成进士。既分部视事，甫三月，以亲老乞归，不复仕。家事悉弗问，皆恭人主之。以故驾部益得覃研经史疑义，兼精于天文算法。杜门却扫，优游林泉者，凡二十载。岁戊寅（嘉庆二十三年）驾部又不禄。〔子〕延縠旋寓书于予，乞为〔恭人〕传。恭人生于乾隆辛卯年（三十六年）十月初五日卯时，卒于道光丁未年（二十七年）三月初八日子时，年七十有七。距驾部下世已三十载矣。女三，长殇，次适海阳孙氏，三即余五（寅恪案：许宗彦《鉴止水斋集》首载阮元撰《浙儒许君积卿传》云："女子子三，延锦适元之子福。"则"五"字疑是"之"字之误。）子妇。

然则嘉庆二十三年周生死时，其年为五十一，而此年楚生为四十八岁也。

据《再生缘》第二十卷第七十七回首节中，楚生自述其续此书之动机云：

嗟我年近将花甲，二十年来未抱孙。借此解颐图吉兆，虚文纸上亦欢欣。

是楚生续此书时，其年将近六十岁，以如是年老妇人望孙之俗见，而续《再生缘》，宜其所续者不能比美于端生之原书也。若道光元年香叶阁主人作序时，则楚生仅五十一岁，断不可言“年近将花甲”。故香叶阁主人序中“道光元年”之“元”字如非“九”字之讹，则必是书贾伪托。今未见《再生缘》最初最佳之本，不敢确言。陈文述《西泠闺咏》自序题“道光丁亥”，即道光七年。此年楚生五十七，“年近将花甲”之语似尚可通。至于楚生于《再生缘》第二十卷第八十回末节，感伤陈端生之遭遇，因自述其与周生之关系云：

我亦缘悭甘茹苦，悠悠卅载悟前缘。

盖谓己身与周生有三十年夫妇姻缘之分。据上引《玉钏缘》第三十一卷末载“谢玉辉在大元年间，又干一番事业，与〔郑〕如昭〔陈〕芳素做了三十年恩爱夫妻，才归仙位”，楚生殆有感于“三十年夫妻”之语，深惜端生无三十年之缘，己身虽有三十年之缘，而周生又未能如谢玉辉之“干了一番事业”，所以表示其感伤之意也。至阮伯元作《楚生传》，谓楚生之卒距其夫之卒为三十年，即寡居三十年之意。与楚生“悠悠卅载悟前缘”之语无涉。否则楚生续《再生缘》时，其年必已七十余岁，而文述不得在道光七年即楚生五十七岁时，预知楚生之续《再生缘》也。“卅载悟前缘”之语，易滋误解，因并附辨之如此。

楚生尝于《再生缘》第二十卷第八十回内，借皇甫敬之言斥孟丽君之骄傲，即所以暗示不以陈端生为然之意，前文已论之矣。今再节录此回中皇甫敬批评苏映雪及刘燕玉之语，以见楚生之性格及其理想如下。

皇甫敬评苏映雪云：

太王爷（指皇甫敬），又云梁氏东宫媳，他是天真烂漫人。毫无半点来装饰，贤良温厚性和平。

此盖楚生心中以苏映雪自比，楚生为人谅亦“贤良温厚性和平”，与端生之性格骄傲激烈者适成对比也。此点恐非尽由于天生之性质所致，当亦因所处家庭环境不同使然。德清梁氏为当时浙江最有名之家族。《儒林外史》所言之娄公子家或即指梁氏。楚生家及周生家与端生家，虽皆以文学科第显著，但梁、许两家经济状况，则与陈句山家之清贫者不同。观王昶《春融堂》三八陈句山先生《紫竹山房诗文集序》中：

入其家，衡门两版，凝尘满席，不知为列卿之尊，与京兆之雄骏也。

之语，即可推知端生未嫁时家庭之清贫。即适范某之后，假定范某即范璨之子范菼，则据陆燿撰《范公璨神道碑》云，“洁清之操，晚节弥励，莱羹蔬食，不异贫寒”（见上引陆燿《切问斋集》一〇），似其夫家经济当亦不宽裕。否则其夫不致以图利嫌疑之故，坐科场代倩作弊获罪也。又楚生父之昆弟辈如同书，己身昆弟辈如玉绳，皆以学问艺术知名当世。周生亦年十九已中式乡试，且为贵公子（周生父祖京仕至广东布政使，见《鉴止水斋集》首所附蔡之定撰《许君周生家传》），而兼名士。其亲家复是清代第一达官而兼名儒之阮芸台。故端生、楚生两人，虽俱出自浙江名门，又有通家之谊（可参《紫竹山房诗文集》首所附《陈句山先生年谱》乾隆三十五年庚寅下“梁侍讲同书来朝庆（万寿）节”条，及《诗集》一二《述梦纪事诗》“埋石得周梁，自志求其书”句下自注云：“少司马周煌，侍讲梁同书。”又梁玉绳《清白士集》二六《送陈句山太仆还朝及挽陈太仆》诗等)，而家庭环境颇不相同。两人性格之骄激谦和实受环境影响，无可致疑也。

皇甫敬评刘燕玉云：

> 回头连唤西宫媳，莫须忧虑不怀妊。你为人，玲珑幸喜多忠厚，略有三分徒（寅恪案：“徒”疑当作“妒”）忌心。这点小疵磨琢去，何愁日后少收成。

可知楚生心中以为不妒忌始能生子，此亦所以自比，并兼以属望于其子妇者也。据陈寿祺《左海文集》一〇《许君（宗彦）墓志铭》略云：

> 夫人梁氏，生子延敬、延縠。簉吴氏，先卒，生子兆奎、延寀、延泽。陈氏，生子延凯。女三，梁夫人出者二。长适原任监察御史孙球子承勋，次适现任两广总督阮元子福。簉崔氏，生女一，字现任翰林院侍读学士胡敬子琮。

是周生至少有三妾，且均生子女。楚生亦生子女数人也。周生之妾既有多人，似足证楚生之不妒。楚生己身又生数子，此事在楚生心中乃其不妒之善果，遂借《续再生缘》之书，以寓其责望子妇之意，并一发其“二十年来未抱孙”之牢骚也。虽然，今观《古春轩词·苍梧谣序》云：

周生意有所感，作此戏之。

则楚生于此犹未能忘怀。不妒之古训，固为习闻诗礼之教如楚生者深所服膺，平日以此自负，且以教人。但临事触发，不觉流露。可见其为勉强抑制，非出自然，又何必以此责难于刘燕玉比之子妇耶？

夫为男子者，可畜多妾，而妇人则不应妒忌，此男尊女卑，吾国传统夫为妻纲之教条也。楚生乃此教条下之信徒，既行之于身，复出之于口，更笔之于书矣。至若端生，其作《再生缘》时，虽尚未适人，但关于夫为妻纲之说，既力加排斥，上文已略论及，兹不复赘。所可笑者，楚生以苏映雪性情柔顺，为最合理想之妇女。孟丽君适与相反，固所不取。殊不知在端生书中，孟丽君初期本为苏映雪即梁素华之夫，盖取梁鸿、孟光夫妇之姓，反转互易，而梁素华及皇甫少华两人名中“素”“少”二字音又相近。此虽为才女颠倒阴阳之戏笔，然可见其不服膺男尊女卑、夫为妻纲之古训，楚生乃啧啧称赏苏映雪不置，恐端生地下有灵，亦当不觉失笑也。又观楚生与周生往来酬唱之作，诚可以比美梁、孟矣。但一检周生《鉴止水斋集》二所载《答内》诗后附楚生《寄外》诗，楚生之诗文句烦多，情感深挚，而周生答以寥寥五十四字之短篇云：

远离且莫悲，远归亦勿喜。暂离复见偶然尔。世事纷纷那免此。劝君勿堕迷云里。不见天关与织女。隔以银河一万八千里。脉脉相看不得语。

又同书同卷所载《望夫冈（七古）》结语云：

谁能无事轻离别，倦倚孤篷亦懒看。

则周生与楚生之情感已可推见。然于服膺男尊女卑、夫为妻纲之说者，固亦无可如何而安之若命矣。

至于端生之婿范某，假定即是范璨之子，虽为贵公子，然家境清寒，亦等于一穷书生，与许周生不同，当无广畜姬妾之能力，端生一生中谅亦无楚生此种环境及不快之情感。假使范某而为周生所为者，则端生亦将表现其本来面目如孟丽君也。观《再生缘》第十五卷第五十八回云：

忠孝王（指皇甫少华）背靠床栏笑几声。

咳！果然如此，也是孟府的家风了。

岳母大人手段凶，自然他，所生之女亦相同。丽君若是同其母，少华也，只好低头效岳翁。惧内名儿逃不去，能得个，重偕伉俪靠天公。

可为例证。然则端生之意，不仅欲己身如孟丽君，亦欲其母汪氏如韩氏。竟使陈句山之家风，复如孟府之以惧内著闻。此为端生大胆之笔，而楚生掩耳所不敢闻者。合两种性格绝殊之女作家，完成一书，取相比较，既可观，抑可笑矣。

依据甚不完全之材料，考证陈端生之事迹及著作，并略论梁德绳之有关于《再生缘》诸点既竟，请述寅恪读此书之别感如下。

有清一代，乾隆朝最称承平之世。然陈端生以绝代才华之女子，竟憔悴忧伤而死，身名湮没，百余年后，其事迹几不可考见。江都汪中者，有清中叶极负盛名之文士，而又与端生生值同时者也（汪中生于乾隆九年，卒于乾隆五十九年），作《吊马守真文》，以寓自伤之意，谓“荣期二乐，幸而为男”（见《述学别录》）。今观端生之遭遇，容甫之言其在当日信有征矣。然寅恪所感者，则为端生于《再生缘》第十七卷第六十五回中，“岂是蚤为今日谶”一语。二十余年前，九一八事变起，寅恪时寓燕郊清华园，曾和陶然亭壁间清光绪时女子所题《咏丁香花绝句》云：

故国遥山入梦青，江关客感到江亭。（沈乙盦先生《海日楼集》陶然亭诗云：“江亭不关江，偏感江关客。”）不须更写丁香句，转怕流莺隔世听。

钟阜徒闻燕骨青，（蒋子文“骨青”事，出干宝《搜神记》。今通行本干书“青”字多误写，不足据也。）也无人对泣新亭。南朝旧史皆平话，说与赵家庄里听。

诗成数年后，果有卢沟桥之变。流转西南，致丧两目，此数年间，亦颇作诗，以志一时之感触。

兹录三首于下：

蒙自南湖作

景物居然似旧京，荷花海子忆升平。桥头鬓影还明灭，楼外笙歌杂醉酲。南渡自应思往事，北归端恐待来生。（寅恪案：十六年前作此诗，句中竟有端生之名，“岂是蚤为今日谶”耶？噫！）黄河难塞黄金尽，日暮人间几万程。

昆明翠湖书所见

照影桥边驻小车，新妆依约想京华。短围貂褶称腰细，密卷螺云映额斜。赤县尘昏人换世，翠湖春好燕移家。昆明残劫灰飞尽，聊与胡僧话落花。

咏成都华西坝

浅草方场广陌通，小渠高柳思无穷。雷车乍过浮香雾，电笑微闻送远风。酒醉不妨胡舞乱，花羞翻讶汉妆红。谁知万国同欢地，却在山河破碎中。

自是求医万里，乞食多门。务观赵庄之语，竟“蚤为今日谶”矣。求医英伦时作二诗，录之于下：

乙酉冬夜卧病英伦医院，听人读熊式一君著英文小说名《天桥》者，中述光绪戊戌李提摩太上书事。忆壬寅春随先兄师曾等东游日本，遇李教士于上海。教士作华语曰：“君等世家子弟，能东游，甚善。”故诗中及之，非敢以乌衣故事自况也。

沉沉夜漏绝尘哗，听读佉卢百感加。故国华胥犹记梦，旧时王谢早无家。文章瀛海娱衰病，消息神州竟鼓笳。万里乾坤迷去住，词人终古泣天涯。

丙戌春以治目疾无效，将离伦敦返国暂居江宁，感赋。

金粉南朝是旧游，徐妃半面足风流。苍天已死三千岁，青骨成神二十秋。去国欲枯双目泪，浮家虚说五湖舟。英伦灯火高楼夜，伤别伤春更白头。

又所至感者，则衰病流离，撰文授学，身虽同于赵庄负鼓之盲翁，事则等于广州弹弦之瞽女。荣启期之乐，未解其何乐；汪容甫之幸，亦不知其何幸也。偶听读《再生缘》，深感陈端生之身世，因草此文，并赋两诗，附于篇末，后之览者倘亦有感于斯欤？

癸巳秋夜，听读清乾隆时钱唐才女陈端生所著《再生缘》

第十七卷第六十五回中“惟是此书知者久，浙江一省遍相传。髫年戏笔殊堪笑，反胜那，沦落文章不值钱”之语，及陈文述《西泠闺咏》第十五《卷绘影阁咏家□□》诗“从古才人易沦谪，悔教夫婿觅封侯”之句，感赋二律。

地变天荒总未知，独听风纸写相思。高楼秋夜灯前泪，异代春闺梦里词。绝世才华偏命薄，戍边离恨更归迟。文章我自甘沦落，不觅封侯但觅诗。

一卷悲吟墨尚新，当时恩怨久成尘。上清自昔伤沦谪，下里何人喻苦辛。彤管声名终寂寂，青丘金鼓又振振。(《再生缘》间叙争战事。）论诗我亦弹词体，（寅恪昔年撰《王观堂先生挽词》，述清代光宣以来事，论者比之于七字唱也。）怅望千秋泪湿巾。

《论〈再生缘〉》校补记

寅恪初疑陈云贞即陈端生，后来知其不然者，虽无积极之确据，但具强有力之反证。因陈文述嘉庆初年在北京题赠陈长生四律，其于端生、庆生、长生姊妹三人之身世遭遇，皆能详悉言之，真所谓“如数家珍”。至道光时作《西泠闺咏》咏陈端生诗，虽诗序中谓“婿遇赦归，未至家，而□□死”，今据长生《绘声阁续稿·哭春田大姊（七律）二首》之二“可堪宝镜重圆日，已是瑶钗欲折时”一联，则云伯所言由于传闻稍误，自应订正。但此点所关甚小，不足为意。唯云伯止言范菼“以科场事，为人牵累谪戍”，而绝口不提及云贞寄外之书及诗以作材料，可知其始终不承认云贞与端生为一人也。

夫一百五十余年前同时同族之人，既坚决不认云贞、端生为一人，而今日反欲效方密之之“合二而一”，亦太奇矣！况焦循《云贞行》谓其夫乃一“郎本武健儿”及“一发毙双狼”之武人，与端生《再生缘》中自述其夫之语，如“更欣夫婿是儒冠。挑灯伴读茶声沸，刻烛催诗笑语联”者，全无相似之处。至于里堂之《云贞行》及云伯之《云贞曲》中俱有“郎戍伊犁城，妾住仙游县”之句，盖由二人同用一材料，自然符会，不必出于抄袭。兹举最近之例言之。抗日战争之际，陈垣先生留居京师，主讲辅仁大学。寅恪则旅寄昆明，任教西南联合大学。各撰论文，考杨妃入道年月。是时烽火连天，互不通问，然其结论则不谋而合，实以同用一材料，应有同一之结论，吾两人俱无抄袭之嫌疑也。若夫云贞寄外书及诗，颇与《再生缘》类似，论者遂取此为“合二而一”之证。殊不知同一时代之作品，受环境影响，其格调本易相近。且《再生缘》一书，当日已甚流行，好事之人故作狡狯，伪造新骨董，自极可能。至莲姐之诗，尤为伪中之伪。盖无聊文士更欲使红娘、春香、袭人、晴雯之流，变作郑康成之诗婢、钱受之之柳如是、许公实之王修微、茅止生之杨宛叔、薛文起之香菱，以达其最高享受之理想。此真所谓游戏文章，断不可视为史鉴实录也。

又沈敦三垚《落帆楼文集》九《外集三·简札摭存》中《与许海樵旦复三十二通》之十三云：

> 今春将甲午年积负一清，私心窃自喜，以为今后可归见江东故人。不意山妻复有纳妾之举，致再积百余金之债。此事孟浪已极，接信之后，不胜大骇。垚之亲戚目不睹史策，不知人情物理，以荡子不归拟垚，既视垚太浅，欲以区区村婢縻垚，而不知縻之适所以缓之。

同书卷首附汪刚木曰桢《沈子惇著述总录》略云：

> 沈垚，字敦三，号子惇，浙江湖州府乌程县人。府学廪生，道光〔十四年〕甲午优贡生。子惇生于嘉庆〔三年〕戊午，卒于道光〔二十年〕庚子，四十三岁。

寅恪案：子惇为嘉道间人。其妻金氏，以夫久不归家，特买一婢，预作将来之妾侍。吾人今日观之，虽觉可怜可笑，但就此一端，足见当时浙江不得志文人家庭风气之一斑。《妆楼摘艳》编选者会稽钱三锡，亦是子惇及其妻金氏之同时人。伪作之《云贞寄外书》及《莲姐寄外诗》，皆受当时此社会阶层之习俗影响所致，殊不足怪也。

今检沈畏斋树德《慈寿堂文钞》五《范太学传》略云：

君姓范氏，讳荧，字惇哉。国学生。秀水少司空仲子也。少颖悟，能属文，出语杰特。司空公奇爱之。君天性孝友，伯兄〔卒〕，君痛伯无子，以长子嗣之。乾隆〔八年〕癸亥春，公开府河北，招余。余乃得与君交。君于诗文，每刻苦不作犹人语。越来春（指九年甲子）将赴秋闱，乃偕余治举子业。秋试，同赴武林。明春（指十年乙丑）余幸计偕入都，君奉太夫人后至。公入补府宪，仍馆余于邸。及君至，而余应桐城相国（张廷玉）招以去。洎公迁工部，余出贺公。是时君方得脾疾。余在〔澄怀〕园得讣，不禁悲哭失声。君生于康熙辛卯年（五十年）某月日，卒于乾隆乙丑年（十年）五月十五日，存年三十五岁。配赵氏，子男三：培、堦、台。培嗣伯氏。

光绪修《归安县志》三二《选举门·贡生》栏“乾隆六年辛酉”条载：

沈树德，拔贡，字申培，是科副榜，甲子举人。

寅恪案：取沈氏此传与陆燿撰《范璨神道碑》相比较，令人如坠五里雾中，疑窦百端。兹先举其可疑之点，后作假定之解释。陆氏为范璨之姻亲，又为同里后学。沈氏亦范璨同里，又曾为其幕客，与荧交好。两氏之文，何以互异如是？此可疑者一也。陆氏文云：“孙三人：墀、城、垲。墀又姻也。”沈氏文云：“子男三：培、堦、台。培嗣伯氏。”璨孙三人，虽两文皆从土旁，但何以尽不相同？其改名之由，究因何故？即令前后有所改易，亦不致三人全改。且“培”与“城”，“堦”与“墀”，“台”与“垲”，意义近似，实无更改之必要。又陆文墀为长，沈文培为长，嗣伯氏。“墀”与

"堦"同义，应作堦为长。夫长子通例不出继，何以长子出继仪薰。且墀既为陆燿之婿，又为请陆氏作其祖神道碑之人，故陆文所列三人次序，必无差误。沈文列培为三人之首，此可疑者二也。陆文云："子二人：仪薰，国子监生；荄，贡生。"而沈文题作"范太学"。陆文既称荄为贡生，则荄死时之资格为优贡或拔贡无疑。国子监生又无追赠贡生之理。沈氏为荄作传，不称"文学"而称"太学"。此可疑者三也。兹试作解释如下：

（一）以通常事理言之，陆、沈两文作成之先后，虽颇难考知，但欲解脱范璨与科场案之范荄有关，则同一用心。既欲解脱与科场案之关系，止言荄先璨死，尚嫌不足。故必须别有一人为荄作一详悉之传，以证明其非犯罪之范荄。此沈文中荄之生卒年月及享年之数自不可信。端生适范荄时，年二十三。荄年当已四十余矣。故寅恪疑端生为继室。沈文言"配赵氏"，当为荄之元配。培、堦当为赵氏所出。台即端生子蓉洲欤？《再生缘》中端生自言"强抚双儿志自坚"，恐是指赵氏之次子及己身之子言，而赵氏所生、出继伯氏之子及己身之女不计在内也。至沈文谓荄卒于乾隆十年者，恐因欲洗刷荄曾居乐志堂之痕迹，遂改其卒年为乾隆十年，即乐志堂尚未建筑之时。盖其后有关乐志堂之记载，如范来庚《南浔志》"乐志堂"条及下引董襄于嘉庆七年所作之诗等，可免与惇哉有所关涉也。

（二）荄子三人改名之由，虽不能确言，恐因科举制度，改名可免发生枝节问题耶？其以长子出继伯氏，或者亦与科举有关，并可借此为陆燿开脱与荄之关系也。至三人名次之异，当为沈氏误记耳。

（三）据乾隆四十五年刑部提本陈七供词中，荚为“宛平县监生”，故沈文据此称之为“太学”。颇疑端生之夫范荚在浙江已取得贡生资格，故陆文称之为贡生。但因应顺天乡试，遂入宛平县籍，纳粟为国子监生。陆、沈二氏撰文互有差异，遂遗此漏隙也。

又沈文盛称范荚之颖悟，擅长诗文。此与端生述其夫“刻烛催诗笑语联”之言符合，益可证下论陈七供词中范荚倩人作诗文之说为诬枉矣。

复次，周庆云纂《南浔志》九《宅第门》一“乐志堂”条，后附董襄《人日集范野苹乐志堂，即席次令兄澹人原韵》（题下自注“壬戌”），其“酒垒分兄弟”句下原注云：

座上惟范氏昆仲及余兄弟三人。

同书二七《选举门·举人》栏载：

乾隆四十八年癸卯。董一经，字宝传，号韦庄，一号韦斋。嵊县训导。

嘉庆六年辛酉。董应椿，一经子。字冠英，号云帆。

嘉庆十二年丁卯。董襄，一经子，应椿弟。宛平籍。顺天中式。字念乔，号茗庵。

同书二五《列女门》二“张氏”条云：

举人董襄妾。道光〔三年〕癸未襄卒。

寅恪案：“乐志堂”条最可注意者，为诗题下自注之“壬戌”二字。检乾隆七年岁次壬戌，嘉庆七年亦岁次壬戌。董诗题下之壬戌，必非乾隆七年，而是嘉庆七年。盖乾隆七年尚无乐志堂故也。

既是嘉庆七年，则此乐志堂主人野苹果为何人？但其人既姓范，“野苹”之称，自是出于《诗经·小雅·鹿鸣篇》“食野之苹”句。“野苹”二字，与其人本名之关系，颇难揣测。或是范璨之孙，即陆燿之婿范墀。但墀为长孙，必无“澹人”之亲兄，是亦不可能也。若非墀者，则“城”“垲”二字，不能与“野苹”相关联，则其人舍范菼莫属。嘉庆七年壬戌，菼当尚在人间也。

又据《毛诗正义》三之二《硕人篇》“葭菼揭揭”句略云：

“葭，芦；菼，薍。”《释草》文。李巡曰：“分别苇类之异名。”郭璞曰：“芦，苇也。薍似苇而小。”《大车》传曰：“菼，鵻也，芦之初生也。”则毛意以葭菼为一草也。陆机（玑）云：“薍或谓之荻。至秋坚成则谓之萑。其初生三月中，其心挺出，其下本大如箸，上锐而细，扬州人谓之马尾。”以今语验之，则芦薍别草也。

同书四之一《大车篇》“毳衣如菼”句云：

郭璞曰：“菼，草色如鵻，在青白之间。”

同书八之一《七月篇》“八月萑苇”句云：

（萑苇）二草。初生者为菼，长大为薍，成则名为萑。初生为葭，长大为芦，成则名为苇。小大之异名，故云薍为萑，葭为苇，此对文耳，散则通矣。

同书九之二《鹿鸣篇》“食野之苹”句云：

笺：苹，藾萧。正义曰，释草文。郭璞曰：“今藾蒿也。初生亦可食。”陆机（玑）《疏》云：“叶青白色，茎似箸而轻脆。始生香，可生食，又可蒸食，是也。”《易传》者，《尔雅》

云："苹，蓱，其大者为蘋，是水中之草。"《召南》采蘋云："于以采蘋，南涧之滨者也。非鹿所食，故不从之。"（寅恪案：读者苟取通行本百二十回《石头记》第九回"训劣子李贵承申饬"所载随宝玉上学之李贵答贾政云"哥儿已经念到第三本《诗经》，什么攸攸鹿鸣，荷叶浮萍。小的不敢撒谎"之语相参阅，当亦与荣国府清客相公及贾政同为之喷饭也。）

吴其濬《植物名实图考》一二《隰草类》"牛尾蒿"条略曰：

《诗经》"取萧祭脂"，陆玑《毛诗草木鸟兽虫鱼疏》："萧荻，今人所谓荻蒿者是也。"按《尔雅》"萧，荻"，郭《注》："即蒿。"李时珍《本草纲目》以陆疏苹为牛尾蒿，与今本不同。

同书一四同类"芦"条云：

《梦溪笔谈》以为芦、苇是一物，药中宜用芦，无用荻理。然今江南之荻，通呼为芦，俗方殆无别也。

此条下附毛晋《诗疏广要》云：

雩娄农曰："强脆而心实者为荻，柔纤而中虚者为苇。泽国妇孺，了如菽麦。"

则范茭所以不用其原来"惇哉"之字，而改称"野苹"者，盖以"苹"与"茭"有类似之处，遂取此称，借资掩饰欤？但斯乃昔人取义于经典训诂而改易其称谓。吾人今日自不必就植物分类之科学之讨论此问题也。至董氏所言其兄"澹人"，或是《乌程县志·范璨传》所谓"〔璨〕既贵显，让宅于从父兄弟"之兄弟所出者。今俱难考知，姑附记于此，以供谈助。

今得见嘉庆二十二年丁丑《重刊织云楼合刻》中陈长生《绘

声阁续集》有“喜蓉洲甥至京，有怀亡姊感赋”一题，（此集流传甚少，陈文述当亦未得见，否则其《咏绘影阁》诗，自不致有“婿遇赦归，未至家而□□死”之误也。）则端生之子字蓉洲无疑。据《西泠闺咏·绘声阁咏家秋谷（七律）》中“香车桂岭青山暮，画舫莲庄碧浪遥”一联，“桂岭”自指桂林，“莲庄”与“画舫”“碧浪”连文，则是指湖州府归安县之莲花庄。考乾隆修《湖州府志》八《古迹门·归安县》“莲花庄”条云：

> 莲花庄在府治东南，县学南。县志：元赵子昂别业。四面陂水环绕，水中多莲，绝为幽胜。

此条下引明释宗泐诗云：

> 洲渚绿萦回，芙蓉面面开。

及朱长春诗云：

> 城傍秋水古横塘，四面莲花学士庄。

寅恪案：赵松雪之莲花庄建筑于陂水环绕之地，其地必是高出陂水，即所谓洲渚者。（“莲花”与“芙蓉”同义。古之所谓芙蓉，即荷花。郑善果所谓“六郎面似莲花”与白香山《长恨歌》“芙蓉如面”等语，皆可为证，而非《石头记》“芙蓉女儿诔”之木芙蓉也。）然则“蓉洲”之称，殆由于此，所以表示仰慕乡里先贤之意也。

据上文所论，知垲为葵之少子。“垲”字之训，依《左传·昭公三年》“初，齐景公欲更晏子之宅”条“请更诸爽垲者”句，杜预《注》云：

> 爽，明。垲，燥。

孔颖达《正义》云：

垲，高地，故为燥。

由是言之，赵松雪之莲花庄，建筑于陂水中高出于陂水之洲渚上。端生之子既字蓉洲，与其名为垲，实相关联。若鄙说不误，益可证科场案中之范菼，即范璨之子也。兹更有可言者，范璨之年龄虽高于陈兆仑，但陈氏称范氏为“前辈”，乃就登科先后次第而言，非世俗口语所谓“前辈”“晚辈”之义。若真为世俗口语之“前辈”，则在近代文言应称为“父执行”，或“某丈”。试举最近人称谓之一例。如文廷式《云起轩词》中称李盛铎为“前辈”。因李氏为光绪十五年己丑科第一甲第二名进士，而文氏为光绪十六年庚寅科第一甲第二名进士。可证“前辈”之称乃登科次第，非年龄高下也。忆昔清宣统间，王闿运以举人赐翰林院检讨，同时名医徐景明博士亦赐牙科进士。湘绮戏作七律解嘲，其一联云：

已无齿录称前辈，赖有牙科步后尘。

盖清室已于光绪季年停止科举，更无同年录之刊刻，故湘绮有“已无齿录”之言也。

又，端生虽屡次由湖州归宁其父于杭州，但其临逝之前，得闻范菼将由伊犁赦还，必与其子蓉洲在湖州家中坐待，自不留滞杭州，以俟其夫之至。盖范菼既有房宅在南浔，归后当有祭扫父墓之事。且范菼赦回时，玉敦已死，菼绝不先返杭州与端生会见无疑。至于玉敦妾施氏可能成为继室一点，则既无文献可征，且扶正之事，虽偶有之，然以紫竹山房理法谨严之家庭，应遵奉齐桓公葵丘之盟“毋以妾为妻”之条文可知也。（见《穀梁传·僖公九年》及

《孟子·告子章》下。)

《绘声阁续稿·哭春田大姊二首》之一“捧到乡书意转惊”句与同书“喜蓉洲甥至京，有怀亡姊感赋”诗“话到乡关倍黯然”句之“乡”及“乡关”，究何确指？今据《绘声阁初稿·寄怀春田家姊（七律）》云：

白莲桥畔西风冷，红蓼滩前夕照多。

《慈寿堂文钞》四《竹墩村记》略云：

去〔湖州〕郡城定胜门三十里弱，有村曰竹墩者，吾沈氏家焉。记水道曰白莲池，南港东流之所蓄也。记桥曰双小桥，一在白莲池西，一在白莲池东，皆木。

光绪修《归安县志》八《古迹门》“红寥汀”条引康熙《县志》云：

在白蘋洲对岸。宋汪藻有调《小重山》词咏红蓼汀。

等材料，可知端生夫家范氏与长生夫家叶氏同在湖州。夫浙江一省，同时竟有两范菼，岂不与旧戏剧中五花洞、碧波仙子等同一神话欤？然则此一奇案，恐包龙图再生，亦难解决矣。鄙意就吾国昔日士大夫阶级之婚姻条件言之，端生与秋塘两家，既非孔李交游之旧，林薛姑姨之亲；又无彩楼抛球之缘，元夕观灯之遇。今论者竟为之强牵红丝，使成嘉耦，以效法乔太守之乱点鸳鸯谱，岂不异哉！岂不异哉！

关于范菼科场获罪一案，尚有可疑者。观乾隆四十五年东阁大学士兼刑部事务英廉等所上刑部题本略云：

嗣陈七复见孙三、王五，各给银七两五钱，言定在场内传递文字。陈七又恐孙三、王五与范菼等素未熟识，恐场中传递错误，当令范菼等于衣襟上各挂小红包为记，令孙三、王五暗中认识，记明伊等所坐号舍，以便传递。入场后，华振声〔等〕所作各卷，系王五潜往接收，转交孙三怀藏，于〔八月〕初九日夜四更时，正在找寻范菼等号口交递，当被查获。查陈七因身充誊录，冀图重谢，辄包揽多人，雇替作文，转辗说合，接受过付共银一百二十余两。复敢有心将雇倩在场三人，隐匿不吐，欲令出场逸逃，实属目无法纪。陈七应情实。

又观雍正修《大清会典》七二《礼部十六·贡举一·科举通例》云：

诸士领卷寻号时，有在号外停立者，登时扶送监临诘问。坐定出题，帘外员役不许私入号房，传送茶汤。

然则范菼似一不善作四书义及试帖诗之人，与上引陈端生于《再生缘》中自述其夫之语殊为不合。鄙意陈七狡猾多谋，既“敢有心将雇倩在场三人，隐匿不吐，欲令出场逸逃”，或者孙三、王五被查获时，适在范菼号口，因随意诬指其“雇替作文”，（寅恪前以为菼因代人作文得罪。今见陈七口供，自应更正。）借以搪塞拷问者之刑逼，并为另一雇替之人开脱。果尔，范菼乃替死鬼，即陈文述所谓“为人牵累”者欤？

复次，陈七在此案中为主犯，仅以行第称，而不直书其名。盖此人真名若暴露，则与当朝显要、主事及考官等牵连，故特为隐讳。（此点可参沈垚《落帆楼文集》一〇《简札摭存下·与吴半峰汝雯》所云：“北闱中式者，多半是关节。十八名以钞袭成文被革，其实取中亦是关节。主司本属房老改，不改，而后被御史纠也。此时风气，无势力者竟可不必应试。本年顺天科场之弊，发觉者特百分之一二，且其尤小小者耳。以有宰相子不入场而中式之事，故发觉者概从轻比。蒙蔽二字，至斯为极，无势力者尚求进取耶?”沈氏作此书时，为道光二十年庚子，距乾隆四十五年科场案，适为甲子一周。可见顺天乡试积弊并未稍减。及至咸丰八年戊午顺天乡试，严惩主事官柏葰等之后，其弊始革矣。）即此一端，亦可以推知此案口供必非完全真实也。至范菼善作诗而不善作八股文之说，则殊不然。检嘉庆修《大清会典事例》二五《礼部门》“乾隆二十二年”条云：

> 本年钦奉谕旨，会试二场表文，改用五言八韵唐律一首。剔厘科场旧习，务收实效。至将来各省士子，甫登贤书，即应会试。中式后，例应朝考。若非预先于乡试时，一体用诗，垂为定制，恐诸士子会试中式后，仍未能遽合程式。应自乾隆〔二十四年〕己卯科乡试为始，于第二场经文之外，加试五言八韵唐律一首。

同书同卷“乾隆四十七年”条云：

> 又议定二场排律一首，移置头场试艺后。其性理论一道，移置二场经文后。

可知自乾隆二十四年己卯以后，八股文与试帖诗同一重要。故应试之举子，无不殚竭心力，专攻此二体之诗文。今通行本一百二十回之《石头记》，为乾隆嘉庆间人所糅合而成者。书中试帖体之诗颇多，盖由于此。总之，即使范菼善于作诗，而不精通举子业，如沈氏《范太学传》所言者，亦恐不至于冒大危险，倩人代作也。

兹有可附论者，乾隆四十七年，议定将二场排律诗移置头场试艺后。故《儿女英雄传》作者文康，于第三十五回“安公子占桂苑先声”中，述安龙媒以备卷得代，错用官韵之马簣山中式第六名举人。此事实暗指同治三年甲子顺天乡试，而非雍正年间科场规则也。

复次，今得见《绘声阁初稿》“与序堂弟泛舟西湖”、“将归吴兴呈春田家姊并留赠汪嗣徽夫人”、“寄怀春田家姊”及《绘声阁续稿》“哭春田大姊”等题，始知范菼实以嘉庆元年授受大典恩赦获归。前所论范菼获归之年有二，而以乾隆五十五年获归为较可能。既得此新证，自应更正。

至乾隆四十五年九月二十五日刑部题本所云：

陈七又因曾与镶黄旗满洲笔帖式恒泰、春泰弟兄抄写书籍，彼此熟识。

又略云：

不能禁约子弟之翰林院侍讲勒善〔等〕革职。

等语，似此勒善与《耆献类征初编》三三二《将帅门》所载清国史馆本传初名勒善之勒福，非为一人。但此传乾隆五十八年以前之事迹，全不记载。又于道光十五年引见时，更名勒福，并中华书局印《清史列传》中，不见勒福传诸端，恐有所避忌，不能无疑。姑识于此，以待更考。

李桓《国朝耆献类征初编》一四二《郎署四》储大文撰《汪森墓志铭》附钱载撰《汪孟鋗墓志铭》略云：

考上堉，历官大理府知府。妣祝氏。大理四子，君其长也。雍正乙卯为娶妇。盖大理惟及为冢子娶妇，其诸子女皆君于父没后为弟昏，而嫁其妹者也。乾隆元年丙辰君年十六，侍母从父官盛京，入官京师。〔六年〕辛酉母没，君扶柩携弟归里，卜壤葬母于海盐山茶花漾之原。〔十年〕乙丑大理出守，遣家归。〔十一年〕丙寅大理卒于官，君奔迎柩归，合葬于新阡。

寅恪案：汪上堉虽其本缺为云南省大理府知府，然亦有调署云南省首府云南府之可能。如乾隆三十五年陆燿原任登州府知府，三十六年调山东省首府济南府知府，即是其例。依此言之，《云南省志·职官门》云南府知府栏，列汪上堉之名，并非伪传，亦未可知也。

又端生之母汪氏，是否嫡出，抑或庶出，未能考知。假使为庶出，则汪氏有随其生母侍其父汪上堉往云南之可能，如《儿女英雄传》第二回“沐皇恩特受河工令”略云：

〔安〕老爷开口先向着太太说道：“太太，如今咱们要作外任了。”又听老爷往下说道：“我的主意打算暂且不带家眷。到了明秋，我再打发人来接家眷不迟。第一件心事，明年八月乡试，玉格务必教他去观观场。”太太说：“老爷才说的一个人儿先去的话，还得商量商量。万一得了缺，或者署事，有了衙门，老爷难道天天在家不成。别的慢讲，这颗印是个要紧的。衙门里要不分出个内外来，断乎使不得。”老爷说：“何尝不是呢？我也不是没想到这里，但是玉格此番乡试，是断不能不留京的。既留下他，不能不留下太太照管他。这是相因而至的事情，可有甚么法儿呢？”公子便说道：“请父母只管同去，把我留在家里。”老爷明决料着自己一人前去，有多少不便，便向太太道："譬如咱们早在外任，如今从外打发他进京乡试，难道我合太太还能跟着他不成？"太太听了，便向老爷说道："老爷主见自然不错，就这样定规了罢。"

寅恪案：清国子监题名碑乾隆十三年戊辰科会试，则其前一年，即乾隆十二年丁卯有乡试。汪上堉不令其子孟鋗于乾隆十年随己身同赴云南，而遣家归秀水，盖欲孟鋗留居故里，预备应乾隆十二年丁卯科浙江乡试。此点与安老爷不令安公子随己身赴淮安，而令其留京应顺天乡试者相同。又安老爷此时不过一候补河工令，尚未得实缺，或署事。但安太太必欲分出个内外，以保管官印。据《国朝耆献类征》二三二沈大成代撰《汪上堉墓志铭》略云：

配祝氏，封宜人，前卒。子孟鋗、仲鈖、季铿。其篷所生则彝铭也。

《紫竹山房文集》一五《显考皋亭府君行述》略云：

府君终于乾隆八年三月二十四日寅时。孙六人。长玉万，聘吴氏，云州知州、现任大名府同知日省公第五女。次玉敦，聘汪氏，现任刑部河南司郎中起岩公次女。

同书同卷《显妣沈太宜人行述》略云：

先慈终于乾隆戊辰年（十三年）六月二十四日巳时。孙男六人。玉万，太学生，娶吴氏，原任大名府同知日省公第五女。玉敦，钱塘学附生，聘汪氏，原任刑部河南司郎中、云南大理府知府起岩公女。

同书同卷《冢妇吴氏行略》略云：

〔乾隆十五年〕庚午秋，玉万暨次儿玉敦，忝与乡荐。明年正月长孙女端儿生，次子妇出也。

则是端生母汪氏，乃上堉次女。嫡配或篷室所生，固难决定，但例以安老爷以候补河工令之资格往淮安，安太太因安老爷无侧室，故须亲身随往，以分内外。何况上堉乃实缺知府，当时由北京赴云南，较由北京赴淮安，交通更困难。上堉嫡配祝氏，虽已前卒，往大理前，又遣孟锠归里，似仍须携带少数眷属同行。苟欲携眷属同行，则此眷属必是彝铭之母。端生之母汪氏，既是上堉次女，颇有为彝铭同母姊之可能。依上引材料综合推计，端生之母汪氏，果随父母往云南，其时年龄当在十岁以上。以十岁以上之女子，自然熟悉滇省之地理风俗状况，故后来可以转告《再生缘》之作者。所可笑者，沈大成代撰之《汪上堉墓志铭》，绝不提及上堉有二女。若非陈句山尚有男女平等之观念，其著作关于妇女方面，亦详载记，否则此一代才女之母，竟成《西游记》第一回“灵根育孕源流出”由石卵迸裂而出之孙悟空矣。呵呵！

或有执《石头记》述贾政放学差及任江西粮道，王夫人、赵姨娘、周姨娘皆不随往以相难。鄙意《石头记》中，不合事理者颇多，如晴雯所补之孔雀毛裘，乃谓出自俄罗斯国之类。若更证以才女戴蘋南随其翁赵老学究赴江西学政之任，旋没于任所一事，尤为实例实据。足见《儿女英雄传》所言非凭虚臆造者也。

戴蘋南《织素图次韵三首》之一“绝胜崔徽传里人”句中之“崔徽”，宋元人诗词用此典者颇多，兹举数例于下，以见一斑。

《苏文忠公诗合注》一五《和赵郎中见戏二首》之一“空唱崔徽上白楼”句下王注云：

〔赵〕尧卿（夔）曰："裴钦中以兴元幕使河中，与徽相从者累月，钦中使罢，徽不能从，情怀怨抑。后数月，东川幕白知退（行简）将自河中归，徽乃托人写真，因捧书谓知退曰：'为妾谓裴郎，崔徽一旦不及卷中人，徽且为郎死矣！'明日遂疾，发狂。元稹为作崔徽歌以叙其事。"

又施武子宿注云：

张君房《丽情集》：元微之《崔徽传》云，蒲女也。裴敬中使蒲，徽一见动情，不能忍。敬中使回，徽以不能从为恨，久之成疾，写真以寄裴。世有《伊州曲》，盖采其歌成之也。

同书二八"章质夫寄惠崔徽真"题下施注云：

元微之作《崔徽歌》，世有《伊州曲》，盖采其歌成之也。

杨廉夫维祯《铁厓三种》之一《铁厓逸编注》八《续奁集二十首》之七《照画》云：

画得崔徽卷里人，菱花秋水脱真真。只今颜色浑非旧，烧药幪头过一春。

史邦卿达祖《梅溪词·三姝媚》云：

记取崔徽模样，归来暗写。

许彦周颉《彦周诗话》云：

诗人写人物，态度至不可移易。元微之《李娃行》云："髻鬟峨峨高一尺，门前立地看春风。"此定为娼妇。

寅恪案：铁厓"画得崔徽卷里人"句，出自"崔徽一旦不及卷中人"之语。戴蘋南"绝胜崔徽传里人"句，亦与铁厓同用一典。故句中之"传"字，似当作"卷"，而非用苏诗施注所引之《丽情集》“崔徽传”之“传”。不过蘋南更承用铁崖此句耳。盖蘋南学问实由其父璐处得来。至若其八股名家之阿翁赵佑，必不许子妇阅读此类杂书也。

又唐人小说例以二人合成之。一人用散文作传，一人以歌行咏其事。如陈鸿作《长恨歌传》，白居易作《长恨歌》。元稹作《莺莺传》，李绅作《莺莺歌》。白行简作《李娃传》，元稹作《李娃行》。白行简作《崔徽传》，元稹作《崔徽歌》。此唐代小说体例之原则也。（可参拙著《元白诗笺证稿·第一章·长恨歌》。）其言元微之作《崔徽传》者，当是行文偶误，不足为据。至若韩愈作“石鼎联句”（见《全唐诗》第十一函《联句四》韩愈），则以散文与歌诗不能分割，故一人兼为之。此乃变例，不可执以概全部唐人小说之体裁也。

兹别有可注意者，许彦周谓元微之“髻鬟峨峨高一尺”句，乃写当时妇女头发之形态，可供研究唐代社会史者之参考。然则当日所谓时髦妇女之发型，有类今日所谓原子爆炸式，或无常式耶？寅恪曾游历海外东西洋诸国，所见当时所诧为奇异者，数十年后，亦已认为通常，不足为怪矣。斯则关于风气之转变，特举以告读司马彪《续汉书·五行志》述“服妖”诸条之君子。

又三益堂《再生缘》原本刻于道光元年。是“元”字非“九”字之误，应据以改正。但“花甲”即六十岁。五十一岁可言“开六秩”，而梁德绳以“近花甲”为言，未免有语病。若易“嗟我年将近花甲”为“嗟我今年开六秩”，则更妥适，不至令人疑惑耳。（此点可参《白氏文集》三七《喜老自嘲》诗末二句“行开第八秩，可谓尽天年”原注“时俗谓七十已上为‘开第八秩’”之语。)

又陈文述《西泠闺咏》一五《绘影阁咏家□□》诗“苦将夏簟冬缸怨”句，乃用《文选》一六江文通《别赋》中“夏簟清兮昼不暮，冬缸凝兮夜何长”之典，与此诗第二句“别绪年年怅女牛”相应。今刻本“缸”误作“缸”，不可从。

《论〈再生缘〉》校补记后续

《论〈再生缘〉》一文乃颓龄戏笔，疏误可笑。然传播中外，议论纷纭。因而发现新材料，有为前所未知者，自应补正。兹辑为一编，附载简末，亦可别行。至于原文，悉仍其旧，不复改易，盖以存著作之初旨也。噫！所南《心史》，固非吴井之藏；孙盛《阳秋》，同是辽东之本。点佛弟之额粉，久已先干；裹王娘之脚条，长则更臭。知我罪我，请俟来世。

一九六四年岁次甲辰十一月十八日文盲叟陈寅恪识于广州金明馆

（原载一九七八年七月、十月《中华文史论丛》第七、八辑）

论唐高祖称臣于突厥事

吾民族武功之盛，莫过于汉唐。然汉高祖困于平城，唐高祖亦尝称臣于突厥，汉世非此篇所论，独唐高祖起兵太原时，实称臣于突厥，而太宗又为此事谋主，后来史臣颇讳饰之，以至其事之本末不明显于后世。夫唐高祖太宗迫于当时情势不得已而出此，仅逾十二三年，竟灭突厥而臣之，大耻已雪，奇功遂成，又何讳饰之必要乎？兹略取旧记之关于此事者，疏通证明之，考兴亡之陈迹，求学术之新知，特为拈出此一重公案，愿与当世好学深思读史之有心人共参究之也。

《旧唐书》六七《李靖传》（参《新唐书》二一五上《突厥传》、《贞观政要》二《任贤篇》、《大唐新语》七《容恕篇》）云：

> 太宗初闻靖破颉利，大悦，谓侍臣曰："朕闻'主忧臣辱，主辱臣死'。往者国家草创，太上皇（高祖）以百姓之故，称臣于突厥，朕未尝不痛心疾首，志灭匈奴，坐不安席，食不甘味，今者暂动偏师，无往不捷，单于款塞，耻其雪乎。"

寅恪案：太宗所谓国家草创，即指隋末高祖起兵太原之时，当此时，中国与突厥之关系为何如乎？试观《通典》一九七《边防典》"突厥"条上（参《新唐书》二一五上《突厥传》、《唐会要》九四"北突厥"条）云：

> 及隋末乱离，中国人归之者甚众，又更强盛，势凌中夏，迎萧皇后，置于定襄。薛举、窦建德、王世充、刘武周、梁师都、李轨、高开道之徒，虽僭尊号，俱北面称臣，东自契丹，西尽吐谷浑、高昌，诸国皆臣之，控弦百万，戎狄之盛，近代未有也。大唐起义太原，刘文静聘其国，引以为援。

则知隋末中国北方群雄儿皆称臣于突厥，为其附庸。唐高祖起兵太原，亦为中国北方群雄之一，岂能于此独为例外？故突厥在当时实为东亚之霸主，史谓“戎狄之盛，近代未有”，诚非虚语。请更引史传以证释之。

《旧唐书》五五《刘武周传》（参《新唐书》八六《刘武周传》）略云：

> 突厥立武周为定杨可汗，遗以狼头纛。因僭称皇帝，建元为天兴。

《资治通鉴》一八三《隋纪七》略云：

> 恭帝义宁元年（即炀帝大业十三年），突厥立〔刘〕武周为定杨可汗，遗以狼头纛。武周即皇帝位，改元天兴。

《通鉴考异》云：

> 新、旧《唐书》武周皆无国号，惟《创业起居注》云：“国号定杨。”

《通鉴》此条胡《注》云：

> 言将使之定杨州也。

《大唐创业起居注·上》云：

> 大业十三年二月己丑，马邑军人刘武周杀太守王仁恭，据其郡而自称天子，国号定杨。武周窃知炀帝于楼烦筑宫厌当时之意，故称天子，规而应之。

寅恪案：胡氏释定杨为定杨州，杨扬虽古通用，然杨为隋之国姓，似以定杨隋为释，较胡说之迂远为胜，至《创业起居注》以“国号定杨”为言者，盖突厥锡封刘武周为定杨可汗，温大雅于此颇有所讳，故以“国号定杨”为言，司马君实不解此意，而疑《两唐书》与《创业起居注》异，其实武周之所谓国号，即其所受突厥之封号也。

《新唐书》八七《梁师都传》（参《旧唐书》五六《梁师都传》）略云：

> 自为梁国，僭皇帝位，建元永隆，始毕可汗遗以狼头纛，号大度毗伽可汗解事天子。

寅恪案：突厥语“大度”为“事”，“毗伽”为“解”，突厥语“大度毗伽可汗”即汉语“解事天子”也。

《新唐书》九二《李子和传》云：

> 北事突厥，纳弟为质。始毕可汗册子和为平杨天子，不敢当，乃更署为屋利设。

《资治通鉴》一八三《隋纪七》略云：

> 恭帝义宁元年三月，始毕以刘武周为定杨天子，梁师都为解事天子，子和为平杨天子。子和固辞不敢当，乃更以为屋利设。

胡《注》云：

> 平杨，犹定杨也。

寅恪案：胡氏之意，平杨为平杨州，似不如以平杨隋为释较胜也。

《资治通鉴》一八八《唐纪四》略云：

> 武德三年七月骠骑大将军可朱浑定远告：并州总管李仲文与突厥通谋，欲俟洛阳兵交，引胡骑直入长安。甲戌，命皇太子镇蒲反以备之。四年二月，并州安抚使唐俭密奏：真乡公李仲文与妖僧志觉有谋反语，又娶陶氏之女，以应桃李之谣，谄事可

汗，甚得其意，可汗许立为南面可汗，及在并州，赃贿狼藉。上命裴寂、陈叔达、萧瑀杂鞫之。乙巳，仲文伏诛。

寅恪案：综合前引史料观之，则受突厥之可汗封号者，亦受其狼头纛，其有记受突厥封号，而未及狼头纛者，盖史臣略而不载耳。故突厥之狼头纛犹中国之印绶，乃爵位之标帜，受封号者，必亦受此物，所以表示其属于突厥之系统，服从称臣之义也。据《通典》一九七《边防典·突厥传上》（参《隋书》八四《突厥传》、《北史》九九《突厥传》等）略云：

旗纛之上，施金狼头；侍卫之士，谓之附离，夏言亦狼也。盖本狼生，志不忘旧。

可知狼为突厥民族之图腾。隋末北方群雄，既受突厥之狼头纛，则突厥亦以属部视之矣，哀哉。纪载唐高祖、太宗起兵太原之事，温大雅《大唐创业起居注》一书，为最重要之史料，世所共知。其述当时与突厥之关系，最为微妙，深堪玩味，如改旗帜一事，辞费文繁，或者以为史家铺陈开国祥瑞之惯例，则不达温氏曲为唐讳之苦心。又称臣突厥之主谋，实为太宗，实可据其述兴国寺兵胁迫高祖服从突厥一事得以推知。兹不避繁冗之嫌，颇详录温氏之书与此二事有关者推论之如下：

裴寂等乃因太子、秦王等入启，请依伊尹放太甲、霍光废昌邑故事，废皇帝而立代王，兴义兵以檄郡县，改旗帜以示突厥，师出有名，以辑夷夏。于是遣使以众议驰报突厥，始毕依旨，即遣其柱国康鞘利、级失、热寒、特勤、达官等，送马千匹，来太原交市，仍许遣兵送帝往西京，多少惟命。康鞘利将至，军司以兵起甲子之日，又符谶尚白，请建武王所执白旗，以示突厥。帝曰：“诛纣之旗，牧野临时所仗，未入西郊，无容预执，宜兼以绛，杂半续之。”诸军稍幡皆放此，营壁城垒幡旗四合，赤白相映若花园。开皇初，太原童谣云：“法律存，道德在，白旗天子出东海。”常亦云“白衣天子”，故隋主恒服白衣，每向江都，拟于东海。又有《桃李子歌》曰：“桃李子，莫浪语，黄鹄绕山飞，宛转花园里。”案，李为国姓，桃当作陶，若言陶唐也，配李而言，故云桃花园，宛转属旌幡。汾晋老幼讴歌在耳，忽睹灵验，不胜欢跃。

寅恪案：唐高祖之起兵太原，即叛隋自立，别树一不同之旗帜以表示独立，其事本不足怪，但太宗等必欲改白旗以示突厥，则殊有可疑。据《大唐创业起居注》下载裴寂等所奏神人太原慧化尼歌谣诗谶有云：

童子木上悬白幡，胡兵纷纷满前后。

是胡兵即突厥兵，而其旗帜为白色之明证。此歌谣之意，谓李唐树突厥之白旗，而突厥兵从之，盖李唐初起兵时之旗为绛白相杂，不得止言白幡也。所可笑者，开皇初太原童谣本作“白衣天子出东海”，太宗等乃强改白衣为白旗，可谓巧于傅会者矣。夫歌谣符谶，自可临时因事伪造，但不如因袭旧有之作稍事改换，更易取信于人，如后来玄宗时佞臣之改作《得宝歌》，即是显著之例（见《旧唐书》一〇五《韦坚传》）。岂所谓效法祖宗，师其故智者耶？唐高祖之不肯竟改白旗，而用调停之法，兼以绛杂半续之者，盖欲表示一部分之独立，而不纯服从突厥之意。据《隋书》一《高祖纪》云：

〔开皇元年〕六月癸未，诏以初受天命，赤雀降祥，五德相生，赤为火色。其郊及社庙，依服冕之仪，而朝会之服，旗帜牺牲，尽令尚赤。

是隋色为绛赤，即是当时中夏国旗之色，而《资治通鉴》一八四《隋纪》义宁元年六月“杂用绛白，以示突厥”句下胡《注》云：

隋色尚赤，今用绛而杂之以白，示若不纯于隋。

胡氏知隋色尚赤，乃谓“示若不纯于隋”。夫唐高祖起兵叛立，其不纯于隋自不待言，但其初尚欲拥戴幼主，不即革隋命，则旗色纯用绛赤本亦不妨，其所以“用绛而杂之以白”者，实表示维持中夏之地位，而不纯臣服于突厥之意。胡氏之说，可谓适得其反者也。

总之，高祖起兵时，改易旗色，必与臣服于突厥有关。高祖所以迟疑不决，太宗等所以坚执固请，温氏所以详悉记述歌谣符谶累数百言者，其故正在于此。世之读史者，不可视为酿词而忽略之也。

《大唐创业起居注》上云：

帝引康鞘利等，礼见于晋阳宫东门之侧舍，受始毕所送书信。帝伪貌恭，厚加飨贿。鞘利等大悦，退相谓曰：“唐公见我蕃人，尚能屈意，见诸华夏，情何可论，敬人者人皆敬爱，天下敬爱，必为人主，我等见之人，不觉自敬。”

寅恪案：此温氏用委婉之笔叙述唐高祖受突厥封号称臣拜伏之事。“始毕所送书信”，即突厥敕封高祖为可汗之册书，“帝伪貌恭”，即称臣拜伏之义。唐高祖此时所受突厥封号究为何名，史家久已隐讳不传，但据上引李仲文事观之，则高祖与仲文俱为太原主将，突厥又同欲遣兵送之入长安，而仲文所受突厥之封号据称为“南面可汗”。由此推之，高祖所受封号亦当相与类似，可无疑也。

总而言之，太宗既明言高祖于太原起兵时曾称臣于突厥，则与称臣有关之狼头纛及可汗封号二事，必当于创业史料中得其经过迹象。惜旧记讳饰太甚，今只可以当时情势推论之耳。

高祖称臣于突厥，其事实由太宗主持于内，而刘文静执行于外，请略引史传，以证明之。

《大唐创业起居注》上略云：

> 始毕得书，大喜。其部达官等曰：“天将以太原与唐公，必当平定天下，不如从之，以求宝物，但唐公欲迎隋主，共我和好。此语不好，我不能从。唐公自作天子，我则从行，觅大勋赏，不避时热。”当日即以此意作书报帝。帝开书叹息，久之曰：“孤为人臣须尽节，本虑兵行已后，突厥南侵，屈节连和，以安居者。”不谓今日所报，更相要逼，乍可绝好藩夷，无有从其所劝，突厥之报帝书也，谓使人曰：“唐公若从我语，即宜急报我，遣大达官往取进止。”官僚等以帝辞色懔然，莫敢咨谏。兴国寺兵知帝未从突厥所请，往往偶语曰：“公若更不从突厥，我亦不能从公。”裴寂、刘文静等知此议，以状启闻。

寅恪案：突厥之欲高祖自为天子，即欲其受可汗封号，脱离杨隋而附属突厥之意，其事本不足怪，但兴国寺兵何以亦同突厥，以此要迫？考《大唐创业起居注》上云：

帝遣长孙顺德、赵文恪等，率兴国寺所集兵五白人，总取秦王部分。

即《册府元龟》七《帝王部·创业门》云：

〔唐〕高祖乃命太宗与晋阳令刘文静及门下客长孙顺德、刘弘基等各募兵，旬日之间，众且一万，文静顿于兴国寺，顺德顿于阿育王寺。

夫刘文静、长孙顺德（顺德为太宗长孙后之族叔，避辽东之役，逃匿于太原，见《旧唐书》五八及《新唐书》一〇五《长孙顺德传》等）等皆太宗之党，其兵又奉高祖之命归太宗统属，今居然与突厥通谋，迫胁高祖叛杨隋而臣突厥，可知太宗实为当时主谋称臣于突厥之人，无复疑问也。

太宗为称臣于突厥之主谋，执行此计划之主要人物则是刘文静，据《旧唐书》五七《刘文静传》略云：

隋末为晋阳令，炀帝令系于郡狱，太宗以文静可与谋议，入禁所视之。高祖开大将军府，以文静为军司马，文静劝改旗帜，以彰义举，又请连突厥，以益兵威，高祖并从之。因遣文静使于始毕可汗，始毕曰："唐公起事，今欲何为?"文静曰："愿与可汗兵马同入京师，人众土地入唐公，财帛金宝入突厥。"始毕大喜，即遣将康鞘利领骑二千随文静而至，〔武德二年〕裴寂又言曰："当今天下未定，外有勍敌，今若赦之，必贻后患。"高祖竟听其言，遂杀文静。

及《大唐创业起居注》上略云：

乃命司马刘文静报使，并取其兵。静辞，帝私诫之曰：胡兵相送，天所遣来，数百之外，无所用之。所防之者，恐武周引为边患，取其声势，以怀远人。公宜体之，不须多也。

则与突厥始毕可汗议订称臣之约者，实为刘文静，其人与太宗关系密切，观太宗往视文静于狱中一事，即可推知，文静即为李唐与突厥连系之人，及高祖入关后渐与突厥疏远，而文静乃被杀矣，裴寂谓"当今天下未定，外有勍敌"，"天下未定"指刘武周、王世充、窦建德等，"外有勍敌"指突厥，而《新唐书》八八《刘文静传》及《通鉴》一八六《唐纪》"武德二年杀刘文静"条俱省略"外有勍敌"之语，实由未解文静与突厥之关系所致也。李唐与突厥之连系人刘文静虽死，而太宗犹在，观高祖于遣刘文静使突厥时，以防刘武周为言，则唐与突厥关系亲密，武周自当受突厥之约束，不敢侵袭太原，若唐与突厥之关系疏远，则武周必倚突厥之助略取并州。据《旧唐书》一九四上《突厥传上》略云：

武德二年，始毕授马邑贼帅刘武周兵五百余骑，遣入句注，又追兵大集，欲侵太原。是月始毕卒，立其弟俟利弗设，是为处罗可汗。

可知突厥始毕可汗初与刘文静定约，立唐高祖为可汗，约束刘武周，不得侵袭太原。迨唐入关后，渐变前此之恭逊，故始毕又改命武周夺取太原矣。

刘武周既得突厥之助，夺取太原，兵锋甚盛，将进逼关中，唐室不得不使刘文静外，其他唯一李唐与突厥之连系人即太宗出膺抗拒刘武周之命，此不仅以太宗之善于用兵，实亦由其与突厥有特别之关系也。观《旧唐书》一九四上《突厥传上》云：

太宗在藩，受诏讨刘武周，师次太原，处罗遣其弟步利设率二千骑与官军会。六月处罗至并州，总管李仲文出迎劳之。留三日，城中美妇人多为所掠。仲文不能制，俄而处罗卒。

则突厥昔之以兵助刘武周者，今反以兵助李世民，前后态度变异至此，其关键在太宗与突厥之特别关系，可推知也。

又据《旧唐书》二《太宗纪上》略云：

〔武德〕七年秋，突厥颉利、突利二可汗自原州入寇，侵扰关中。有说高祖云："只为府藏子女在京师，故突厥来，若烧却长安而不都，则胡寇自止。"高祖乃遣中书侍郎宇文士及行山南可居之地，即欲移都。萧瑀等皆以为非，然终不敢犯颜正谏。太宗独曰："幸乞听臣一申微效，取彼颉利。若一两年间不系其颈，徐建迁都之策，臣当不敢复言。"高祖怒，仍遣太宗将三十余骑行划。还日，固奏必不可移都，高祖遂止。

及《新唐书》七九《隐太子传》云：

突厥入寇，帝议迁都，秦王苦谏止。建成见帝曰："秦王欲外御寇，沮迁都议，以久其兵，而谋篡夺。"帝寖不悦。

可见太宗在当时被目为挟突厥以自重之人，若非起兵太原之初，主谋称臣于突厥者，何得致此疑忌耶？斯亦太宗为当时主谋者之一旁证也。

又《旧唐书》一九四上《突厥传上》（参《册府元龟》九八一《外臣部·盟誓门》）略云：

〔武德〕七年八月，颉利、突利二可汗举国入寇，太宗乃亲率百骑驰诣虏阵，告之曰："国家与可汗誓不相负，何为背约深入吾地？我秦王也，故来一决。可汗若自来，我当与可汗两人独战，若欲兵马总来，我唯百骑相御耳。”颉利弗之测，笑而不对。太宗又前，令骑告突利曰：“尔往与我盟，急难相救，尔今将兵来，何无香火之情也？亦宜早出，一决胜负。”突利亦不对。太宗前，将渡沟水，颉利见太宗轻出，又闻香火之言，乃阴猜突利，因遣使曰：“王不须渡，我无恶意，更欲共王自断当耳。”于是稍引却，各敛军而退。太宗因纵反间于突利，突利悦而归心焉，遂不欲战。其叔侄内离，颉利欲战不可，因遣突利及夹毕特勒（勤）阿史那思摩奉见请和，许之。突利因自托于太宗，愿结为兄弟。

寅恪案：太宗在当时不仅李唐一方面目之为与突厥最有关系之人，即突厥一方面亦认太宗与之有特别关系。然则太宗当日国际地位之重要，亦可想见矣。至太宗与突利结为兄弟，疑尚远在此时之前，据《旧唐书》一九四上《突厥传上》略云：

〔武德〕九年七月，颉利自率十万余骑进寇武功，颉利遣其腹心执失思力入朝为觇，自张形势云：“二可汗总兵百万，今已至矣。”太宗谓之曰：“我与突厥，面自和亲，汝则背之，我实无愧。又义军入京之初，尔父子（指颉利、突利言，如昔人称汉疏广受父子之例，盖颉利、突利为叔父及从子也）并亲从我。”

然则所谓香火之盟，当即在唐兵入关之时也，《通鉴》一九一《唐纪七》武德七年胡《注》释香火之盟固是，但仍未尽，考《教坊记》（据《说郛》本）“坊中诸女”条云：

坊中诸女以气类相似，约为香火兄弟，每多至十四五人，少不下八九辈。有儿郎娉之者，辄被以妇人称呼，即所娉者兄见呼为新妇，弟见呼为嫂也。儿郎有任官僚者，官参与内人对同日，垂到内门，车马相逢，或搴车帘呼阿嫂若新妇者，同党未达，殊为怪异，问被呼者，笑而不答。儿郎既娉一女，其香火兄弟多相奔，云学突厥法。又云："我兄弟相怜爱，欲得尝其妇也。"主者知亦不妒，他香火即不通。

则太宗与突利结香火之盟，即用此突厥法也。故突厥可视太宗为其共一部落之人。是太宗虽为中国人，亦同时为突厥人矣！其与突厥之关系，密切至此，深可惊讶者也。

旧记中李唐起兵太原时称臣于突厥一事，可以推见者，略如上述，此事考史者所不得为之讳，亦自不必为之讳也。至后来唐室转弱为强，建功雪耻之本末，轶出本篇范围，故不涉及。呜呼！古今唯一之"天可汗"，岂意其初亦尝效刘武周辈之所为耶？初虽效之，终能反之，是固不世出人杰之所为也。又何足病哉！又何足病哉！

（原载一九五一年六月《岭南学报》第十一卷第二期）

韦庄《秦妇吟》校笺

中和癸卯春三月，洛阳城外花如雪。东西南北路人绝，绿杨悄悄香尘灭。路旁忽见如花人，独向绿杨阴下歇。凤侧鸾欹鬓脚斜，红攒黛敛眉心折。借问女郎何处来，含颦欲语声先咽。回头敛袂谢行人，丧乱漂沦何堪说。三年陷贼留秦地，依稀记得秦中事。君能为妾解金鞍，妾亦与君停玉趾。前年庚子腊月五，正闭金笼教鹦鹉。斜开鸾镜懒梳头，闲凭雕栏慵不语。忽看门外起红尘，已见街中擂金鼓。居人走出半仓皇，朝士归来尚疑误。是时西面官军入，拟向潼关为警急。皆言博野自相持，尽道贼军来未及。须臾主父乘奔至，下马入门痴似醉。适逢紫盖去蒙尘，已见白旗来匝地。扶羸携幼竞相呼，上屋缘墙不知次。南邻走入北邻藏，东邻走向西邻避。北邻诸妇咸相凑，户外崩腾如走兽。轰轰昆昆乾坤动，万马雷声从地涌。火迸金星上九天，十二官街烟烘焖。日轮西下寒光白，上帝无言空脉脉。阴云晕气若重围，宦者流星如血色。紫气潜随帝座移，妖光暗射台星坼。家家流血如泉沸，处处冤声声动地。舞伎歌姬尽暗捐，婴儿稚女皆生弃。东邻有女眉新画，倾国倾城不知价。长戈拥得上戎车，回首香闺泪盈把。旋抽金线学缝旗，才上雕鞍教走马。有时马上见良人，不敢回眸空泪下。西邻有女真仙子，一寸横波剪秋水。妆成只对镜中春，年幼不知门外事。一夫跳跃上金阶，斜袒半肩欲相耻。牵衣不肯出朱门，红粉香脂刀下死。南邻有女不记姓，昨日良媒新纳聘。琉璃阶上不闻行，翡翠帘间空见影。忽看庭际刀刃鸣，身首支离在俄顷。仰天掩面哭一声，女弟女兄同入井。北邻少妇行相促，旋解云鬟拭眉绿。已闻击托坏高门，不觉攀缘上重屋。须臾四面火光来，欲下回梯梯又摧。烟中大叫犹求救，梁上悬尸已作灰。妾身幸得全刀锯，不敢踟蹰久回顾。旋梳蝉鬓逐军行，强展蛾眉出门去。旧里从兹不得归，六亲自此无寻处。一从陷贼经三载，终日惊忧心胆碎。夜卧千重剑戟围，朝餐一味人肝脍。鸳帏纵入岂成欢，宝货虽多非所爱。蓬头面垢猇眉赤，几转横波看不得。衣裳颠倒言语异，面上夸功雕作字。柏台多士尽狐精，兰省诸郎皆鼠魅。还将短发戴华簪，不脱朝衣缠绣被。翻持象笏作三公，倒佩金鱼为两史。朝闻奏对入朝堂，暮见喧呼来酒市。一朝五鼓人惊起，叫啸喧争如窃议。夜来探马入皇城，昨日官军收赤水。赤水去城一百里，朝若来兮暮应至。凶徒马上暗吞声，女伴闺中潜失喜。皆言冤愤此时销，必谓妖徒今日死。逡巡走马传声急，又道官军全阵入。大彭小彭相顾忧，二郎四郎抱鞍泣。沉沉数日无消息，必谓军前已衔璧。簸旗掉剑却来归，又道官军悉败绩。四面从兹多厄束，一斗黄金一升粟。尚让厨中食木皮，黄巢机上刲人肉。东南断绝无粮道，沟壑渐平人渐少。六军门外倚僵尸，七架营中填饿殍。长安寂寂今何有，废市荒街麦苗秀。采樵砍尽杏园花，修寨诛残御沟柳。华轩绣毂皆销散，甲第朱门无一半。含元殿上狐兔行，花萼楼前荆棘满。昔时繁盛皆埋没，举目凄凉无故物。内库烧为锦绣灰，天街踏尽公卿骨。来时晓出城东陌，城外风烟如塞色。路旁时见游奕军，坡下寂无迎送客。霸陵东望人烟绝，树锁骊山金翠灭。大道俱成棘子林，行人夜宿墙匡月。明朝晓至三峰路，百万人家无一户。破落田园但有蒿，摧残竹树皆无主。路旁试问金天神，金天无语愁于人。庙前古柏有残枿，殿上金炉生暗尘。一从狂寇陷中国，天地晦冥风雨黑。案前神水咒不成，壁上阴兵驱不得。闲日徒歆奠飨恩，危时不助神通力。我今愧恧拙为神，且向山中深避匿。寰中箫管不曾闻，筵上牺牲无处觅。旋教魇鬼傍乡村，诛剥生灵过朝夕。妾闻此语愁更愁，天遣时灾非自由。神在山中犹避难，何须责望东诸侯。前年又出杨震关，举头云际见荆山。如从地府到人间，顿觉时清天地闲。陕州主帅忠且贞，不动干戈惟守城。蒲津主帅能戢兵，千里晏然无犬声。朝携宝货无人问，暮插金钗唯独行。明朝又过新安东，路上乞浆逢一翁。苍苍面带苔藓色，隐隐身藏蓬荻中。问翁本是何乡曲，底事寒天霜露宿。老翁暂起欲陈词，却坐支颐仰天哭。乡园本贯东畿县，岁岁耕桑临近甸。岁种良田二百廛，年输户税三千万。小姑惯织褐絁袍，中妇能炊红黍饭。千间仓兮万丝箱，黄巢过后犹残半。自从洛下屯师旅，日夜巡兵入村坞。匣中秋水拔青蛇，旗上高风吹白虎。入门下马若旋风，罄室倾囊如卷土。家财既尽骨肉离，今日垂年一身苦。一身苦兮何足嗟，山中更有千万家。朝餐山上寻蓬子，夜宿霜中卧荻花。妾闻此父伤心语，竟日阑干泪如雨。出门惟见乱枭鸣，更欲东奔何处所。仍闻汴路舟车绝，又道彭门自相杀。野色徒销战士魂，河津半是冤人血。适闻有客金陵至，见说江南风景异。自从大寇犯中原，戎马不曾生四鄙。诛锄窃盗若神功，惠爱生灵如赤子。城壕固护教金汤，赋税如云送军垒。奈何四海尽滔滔，湛然一镜平如砥。避难徒为阙下人，怀安却羡江南鬼。愿君举棹东复东，咏此长歌献相公。

《秦妇吟》一卷

天复五年乙丑岁十二月十五日敦煌郡金光明寺学仕张龟写

戊辰之春，俞铭衡君为寅恪写韦端己《秦妇吟》卷子，张于屋壁。八年以来，课业余暇，偶一讽咏，辄若不解，虽于一二字句稍有所校释，然皆琐细无关宏旨。独端己此诗所述从长安至洛阳及从洛阳东奔之路程，本写当日人民避难之惨状，而其晚年所以讳言此诗之由，实系于诗中所述从长安达洛阳一段经过。此点为近日论此诗者所未详，遂不自量，欲有所妄说。至诗中字句之甚不可解及时贤之说之殊可疑者，亦略申鄙见，附缀于后。兹请先言从洛阳东奔之路程。此段经过惜未得确知，是以于端己南游事迹不能有所考见。但依地理系统以为推证，亦有裨于明了当日徐淮军事之情势及诗中文句之校释也。

（甲）从洛阳东奔之路程

诗云：

出门惟见乱枭鸣，更欲东奔何处所。仍闻汴路舟车绝，又道彭门自相杀。野色徒销战士魂，河津半是冤人血。适闻有客金陵至，见说江南风景异。

王国维氏校本（北京大学《国学季刊》第一卷第四期）云：“汴路”，一作“洛下”。罗振玉氏校本（《敦煌零拾》）“汴路”作“汴洛”。周云青君《秦妇吟笺注》云：

汴洛谓河南开封至洛阳也。

寅恪案：《元和郡县图志》九“徐州”条云：

按自隋氏凿汴以来，彭城南控埇桥（在宿县北二十里，一名符离桥，亦名永济桥，跨汴水。《舆地记》：“徐州南控埇桥，以扼汴路，故其镇尤重。”唐于其地置盐铁院。建中二年，淄青帅李正己拒命，屯兵埇桥。元和四年，议者以埇桥当舟车之会，因置宿州以镇之），以扼汴路，故其镇尤重。

同书同卷“宿州”条略云：

其地南临汴河有埇桥，为舳舻之会。

《白氏长庆集》四四《杭州刺史谢上表》云：

属汴路未通，取襄汉路赴任。

据此，“汴路”乃当时习用之名词，不可改为“汴洛”，亦不得释为开封至洛阳明矣。

《李文公集》一八《来南录》云：

元和三年十月，翱既受岭南尚书公之命。四年正月己丑，自旌善弟（第）以妻子上船于漕。〔元和四年正月〕乙未，去东都，韩退之、石濬川假舟送予。明日，及故洛东，吊孟东野，遂以东野行。濬川以妻疾，自漕口先归。黄昏，到景云山居，诘朝，登上方，南望嵩山，题姓名记别。既食，韩、孟别予西归。戊戌，余病寒，饮葱酒以解表。暮宿于巩。庚子，出洛下河，止汴梁口，遂泛汴流，通河于淮。辛丑，及河阴，乙巳，次汴州，疾又加，召医察脉，使人入卢乂。二月丁未朔，宿陈留。庄人自卢乂来，宿雍丘。〔二月〕乙酉，次宋州。疾渐瘳。壬子，至永城。甲寅，至埇口。丙辰次泗州，见刺史假舟，转淮上河，如扬州。庚申，下汴渠，入淮，风帆，及盱眙。风逆，天黑色，波水激，顺潮入新浦。壬戌，至楚州。丁卯，至扬州。戊辰，上栖灵浮图。辛未，济大江，至润州。

又同书同卷《题桄榔亭》云：

翱与监察御史韦君词皆自东京如岭南。翱以〔元和四年〕正月十八日上舟，于漕以行。韦君期以二月策马疾驱，追我于汴宋之郊；或不能及，约自宣州会我于常州以偕行。

《元和郡县图志》九“徐州”条云：

今为徐泗节度使理所。

西至东都一千二百二里。

南取埇桥路至宣州五百里。

又同书二五“润州”条云：

今为浙西观察使理所。

西北至东都一千八百一十里。

北渡江至扬州七十里。

正南微西至宣州四百里。

又同书二八“宣州”条云：

今为宣歙观察使理所。

西北至东都取和滁路二千一百五十里。

正北微东至润州四百里。

宣城县。（郭下。）

当涂县。

牛渚山，在县北三十五里，突出江中，谓之牛渚圻，津渡处也。采石戍，在县西北三十五里，西接乌江，北连建业城，在牛渚山上，与和州横江渡相对。

据此，知李翺南行自身由扬州渡江至润州，而约韦词由和州渡江至宣州，盖二途皆经埇桥，即李吉甫、白居易及《秦妇吟》所谓“汴路”，亦即端己吊侯补阙诗句注(《浣花集》四）所谓“汴宋路”也。端己有《过当涂县（五律）》一首(《浣花集》四)，夏承焘君《韦端己年谱》(《词学季刊》第一卷第四号）列之中和三年南游作中，曲滢生君《韦庄年谱》则疑此诗为光启二年西游所作。又谓此诗或有为初次东来时作之可能。然皆未详言其故。鄙见此诗若果为端己中和三年春间之作，则是由汴路南行，复取和滁路渡江也。但此诗语意太泛，不易证明。故由何处渡江一点可不必多作揣测之论。至汴路则《秦妇吟》中虽言其艰阻，而端己之南投周宝，或仍由此路。盖白乐天长庆二年赴杭州刺史任，所取之襄汉路迂回太甚。又《浣花集》中未能确切发现其中和三年春襄汉之行踪也。姑存此疑，以俟考定。(《浣花集》三《新正日商南道中作寄李明府》一首，夏君《韦端己年谱》列于中和二年。寅恪案：端己中和二年二月后始离长安，是年新正日何缘在商南道中？疑是中和三年之作。果尔，则端己于中和三年新正日经过商南，岂取襄汉路赴润州耶？但诗语无明确之表示，故不敢遽断也。)

汴路之界说既已确定，彭门之地望因之可以推知，而野色之校改亦得佐证矣。翟理斯公子《秦妇吟之考证与校释》(原文载《通报》第二十四卷第四第五合期。兹所据者为《燕京学报》第一卷第一期张荫麟君译本）云：

四川彭县有彭门山，诗中之“彭门”不知是指此否？

寅恪案：中和二年冬蜀中阡能之乱蔓延及于双流新津（见《通鉴》二五五“中和二年十一月阡能党愈炽侵淫入蜀州”条及崔致远《桂苑笔耕集》一《贺处斩草贼阡能表》等），则彭门指彭州导江县之天彭阙或天彭门（见《元和郡县图志》三一“彭州导江县灌口山西岭有天彭阙”条），似亦可能，但诗言东奔，而彭州在洛阳之西南，既与地望不合。诗又云：“自相杀。”以官军平阡能，而谓之“自相杀”，复于措词为失体。故知彭门非指天彭门也。

考《旧唐书》一八二《时溥传》云：

时溥，彭城人，徐之牙将。黄巢据长安，诏征天下兵进讨。中和二年（寅恪案：“二年”应作“元年”，岑氏《校勘记》失校）。武宁军节度使支详遣溥与副将陈璠率师五千赴难。行至河阴，军乱，剽河阴县回。溥招合抚谕，其众复集。惧罪，屯于境上。详遣人迎犒，悉恕之。溥乃移军向徐州。既入，军人大呼，推溥为留后，送详于大彭馆。溥大出资装，遣陈璠援详归京。详宿七里亭，其夜为璠所杀，举家屠害。溥以璠为宿州刺史。竟以违命杀详，溥诛璠。（参考《旧唐书》一九下《僖宗纪》“广明元年九月”条、《新唐书》九《僖宗纪》“中和元年八月”条、一八八《时溥传》及《通鉴》二五四“中和元年八月”条等。）

崔致远《桂苑笔耕集》代高骈所作书牒，关于汴路区域徐州时溥、泗州于涛之兵争，及运道阻塞之纪载甚多，俱《两唐书》及《通鉴》等所未详，实为最佳史料。兹择录于下，亦足征当日徐淮之间军事交通之情势也。

《桂苑笔耕集》八《致泗州于涛常侍别纸》略云：

况属彭门叛乱，仍当汴路艰难，独守危城，终摧敌垒。

同书九《致泗州于涛尚书别纸》略云：

蠢彼徐戎，聚兹余烬，敢侵贵境，再逞奸谋。

同书一一《告报诸道征促纲运书》略云：

既装运舡，将扣飞楫，言遵汴道，径指圃田，必值徐戎，来侵淮口，扼断河路，攻围郡城。时溥罔遵诏旨，尚构奸谋。去年曾犯淮山，今夏又侵泗水。乃作黄巢外应，久妨诸道进军。先须划当道之豺狼，后〔方〕可殄坏堤之蝼蚁。冀使隋皇新路，杨柳含春；汉祖旧乡，荆榛扑地。

同书同卷《答徐州时溥书》略云：

忽睹来示云：泗州独阻淮河，自牢城垒，使四方多阻，诸道莫通。其于淮河久阻，道路不通，皆因贵府出兵，不是泗滨为梗。是非可辨，远近所聆。去岁夏初，早蒙侵伐，呼蚁军于涟水，拒虎旅于淮山。

同书同卷《答襄阳郄将军书》略云：

中和二年七月四日具衔高某谨复书于将军阁下：某自去年春知寇侵秦甸，帝幸蜀川，欲会兵于大梁，遂传檄于外镇，练成军伍，选定行期，便被武宁，（寅恪案：武宁军节度使治徐州。）忽兴戎役，先侵泗境，后犯淮壖。细察徐州所为，是作黄巢外应。不然，则何以每见当军临发，即将凶党奔冲？又乃执称泗滨，阻绝汴路，且临淮（寅恪案：临淮郡即泗州）则城孤气寡，劣保疲羸；彭门则地险兵强，恐行狂悖。以兹斟酌，可见端倪。况无诸道纲舡曾过泗州本路。今则皆因此寇，却滞诸纲。近则浙东浙西，远则容府广府，并未聆馈运，何济急难？

又吴融《唐英歌诗》上有七言律诗三首，其题为：

彭门用兵后经汴路。

又《新唐书》五八《艺文志·史部·杂史类》载：

郑樵《彭门纪乱》三卷，原注："庞勋事。"

据此，彭门相杀之语及彭门与汴路之关系，可得其确解矣。

又"野色徒销战士魂，河津半是冤人血"二句，造语既不晦涩，用意尤为深刻，信称佳构。据《旧唐书》一二〇《郭子仪传》略云：

子仪既谢恩上表，因自陈曰："〔臣〕东西十年，前后百战。天寒剑折，溅血沾衣。野宿魂惊，饮冰伤骨。"

则"野色徒销战士魂"句与郭表所云"野宿魂惊"之义相同，似可无须校改。然细绎上下文义，"野色"二字疑是"宿野"二字之讹倒，翟君谓"野色"丙本作"野宿"。据《元和郡县图志》九《河南道五》"宿州"条略云：

其地南临汴河，有埇桥为舳舻之会。（前文已引）

又同书同卷"泗州"条略云：

秦为泗水郡地。汉兴，改泗水为沛郡。武帝分置临淮郡。后汉下邳太守理此。自晋迄后魏并为宿豫县。

宿迁县。

春秋时宋人迁宿之地，晋立宿豫县。宝应元年以犯代宗庙讳，改为宿迁县。

《新唐书》三八《地理志》云：

泗州临淮郡上，本下邳郡，治宿预。开元二十三年徙治临淮。

则是“河津”为汴河之津，“宿野”为宿州或宿迁即泗州之野。故此二句俱指汴路区域，徐州时溥与泗州于涛之兵争。此乃依地理系统及历史事实以为推证，不得不然之结论。若有以说诗专主考据，以致佳诗尽成死句见责者，所不敢辞罪也。至“冤人”自当作冤死之人解，而周《注》谓“冤人”为黄巢同里冤句之人，则似可不必，盖“冤人”与“战士”为对文，冤字非地名也。

金陵，周《注》引《唐书·地理志》江南道升州县本江宁为释。其实唐人亦称节将治所润州之丹徒为金陵，诗中之金陵即指润州之丹徒言。《李卫公别集》一《鼓吹赋序》云：

余往岁剖符金陵。

李德裕曾任浙西观察使，而润州之丹徒为浙西观察使治所，故云“剖符金陵”。其余例证，可参阅杜牧《樊川诗集》一《杜秋娘诗序》冯集梧《注》，及钱大昕《廿二史考异》一七下《唐书方镇表五》“贞元三年分浙江东西为二道”条等。兹不备举。端已中和三年在上元赋诗颇多（见《浣花集》四及夏承焘君《韦端已年谱》），因恐读者于此句中金陵之语有所误会，特附辨正于此。

（乙）从长安至洛阳之路程

《北梦琐言》六“以歌词自娱”条云：

> 蜀相韦庄应举时，遇黄寇犯阙，著《秦妇吟》一篇。内一联云："内库烧为锦绣灰，天街踏尽公卿骨。"尔后公卿亦多垂讶，庄乃讳之，时人号"秦妇吟秀才"。他日撰家戒，内不许垂《秦妇吟》障子，以此止谤，亦无及也。

寅恪案：此事最为可疑，以今日敦煌写本之多，（除翟君所举五本外，王重民君近影得巴黎图书馆伯希和号三七八〇及三九五三两本，故寅恪间接直接所得见者，共有七本。德化李氏尚藏一本，已售于日人，未得见，不知与所见之七本异同如何。）当时必已盛传，足征葆光子"时人号为'秦妇吟秀才'"之言为不妄。且此诗为端己平生诸作之冠，而其弟蔼所编之《浣花集》竟不收入，则端己"撰家戒，不许垂《秦妇吟》障子"之说尤属可信。但端己晚年所以深讳言此诗，要必有故，若如孙氏所指诗中"内库烧为锦绣灰，天街踏尽公卿骨"二句为其主因，则似不然。何以言之？据《旧唐书》一八二《高骈传》载中和二年僖宗责骈之诏，亦引骈表中"园陵开毁，宗庙焚烧"之语。是当时朝庭诏书尚不以此为讳，更何有于民间乐府所言之"锦绣成灰，公卿暴骨"乎。即以诗人之篇什论，杜子美诸将之"早时金碗出人间"即高千里之"园陵开毁""洛阳宫殿化为烽"，亦等于"宗庙焚烧"。岂子美可言"园陵开毁，宗庙焚烧"于广德大历之时，而端己不得言"锦绣成灰，公卿暴骨"于广明中和之世耶？端己生平心仪子美，至以草堂为居，浣花名集，岂得谓不识此义。即使此二句果有所甚忌讳，则删去之可也。或径改易之，如《唐才子传》作"天街踏尽却重回"即罗氏疑为端己避谤后所改者，亦无不可也。何至并其全篇而禁绝之。今端已取全篇而悉禁绝之者，可知其忌讳所在，有关全篇主要之结构，既不能删去，复无从改易，实不仅系于此二句已也。然则其竟以内库公卿一联为说者，乃不能显言其故，遂作假托之词耳。以是愈知其所讳之深，而用心之苦矣。

寅恪昔年曾与俞君论此，所疑殊不能释。近日取《两唐书》王重荣及杨复光传，与《秦妇吟》所述从长安达洛阳之路程互证，并参以其他史籍，综合推究，恍然若有所悟，于是假设一说，以求喜读《秦妇吟》者之教正。

兹节录有关史籍之文于下：

《旧唐书》一九下《僖宗纪》云：

〔中和〕二年二月(《通鉴》系此事于元年四月，详见《考异》)，泾原大将唐弘夫大败贼将林言于兴平，俘斩万计。王处存率军二万径入京城，贼伪遁去。京师百姓迎处存，欢呼叫噪。是日军士无部伍，分占第宅，俘掠妓妾。贼自灞上分门复入，处存之众苍黄溃乱，为贼所败。黄巢怒百姓欢迎处存，凡丁壮皆杀之，坊市为之流血。自是诸军退舍，贼锋愈炽。

又同书一八二《王重荣传》云：

重荣知〔河中〕留后事，乃斩贼使，求援邻藩。既而贼将朱温舟师自同州至，黄邺之兵自华阴至，数万攻之。重荣戒励士众，大败之，获其兵仗，军声益振。朝廷遂授节钺，检校司空。时中和元年夏也。俄而忠武监军杨复光率陈蔡之师万人与重荣合。贼将李祥守华州，重荣合势攻之，擒祥以徇。俄而朱温以同州降。贼既失同、华，狂躁益炽。黄巢自率精兵数万至梁田坡。时重荣军华阴南，杨复光在渭北，犄角破贼，出其不意，大败贼军。

又同书一八四《宦官传·杨复光传》云：

时秦宗权叛〔周〕岌，据蔡州。复光得忠武之师三千入蔡州，说宗权，俾同义举。宗权遣将王淑率众万人，从复光收荆襄。次邓州，王淑逗留不进，复光斩之，并其军，分为八都。鹿晏弘、晋晖、李师泰、王建、韩建等，皆八都之大将也。进攻南阳，贼将朱温、何勤来逆战，复光败之，进收邓州，献捷行在，中和元年五月也。复光乘胜追贼至蓝桥，丁母忧还。寻起复，受诏充天下兵马都监，押诸军入定关辅。王重荣为东面招讨使，复光以兵会之。

又同书二〇〇下《黄巢传》略云：

时京畿百姓皆砦于山谷，累年废耕耘。贼坐空城，赋输无入，谷食腾踊，米斗三十千。官军皆执山砦百姓，鬻于贼为食，人获数十万。〔中和〕二年王处存合忠武之师，败贼将尚让，乘胜入京师，贼遁去。处存不为备，是夜复为贼寇袭，官军不利。贼怒坊市百姓迎王师，乃下令洗城，丈夫丁壮杀戮殆尽，流血成渠。

《新唐书》一八七《王重荣传》云：

即拜检校工部尚书，为节度使。会忠武监军杨复光率陈、蔡兵万人屯武功，重荣与连和，击贼将李祥于华州，执以徇。贼使尚让来攻，而朱温将劲兵居前，败重荣兵于西关门，于是出兵夏阳，掠河中漕米数十艘。重荣选兵三万攻温，温惧，悉凿舟沉于河，遂举同州降。复光欲斩之，重荣曰："今招贼，一切释罪。且温武锐可用，杀之不祥。"表为同华节度使。有诏即副河中行营招讨，赐名全忠。〔黄〕巢丧二州，怒甚，自将精兵数万壁梁田。重荣军华阴，复光军渭北，犄角攻之，贼大败。

又同书二〇七《宦者传上·杨复光传》云：

俄起为天下兵马都监，总诸军，与东面招讨使王重荣并力定关中。

《旧唐书》一九下《僖宗纪》云：

中和元年九月，杨复光、王重荣以河西（中?）、昭义、忠武、义成之师屯武功。

《通鉴》二五四云：

中和元年〔九月〕辛酉，忠武监军杨复光屯武功。

《北梦琐言》九"李氏女"条云：

唐广明中黄巢犯阙，大驾幸蜀，衣冠荡析，寇盗纵横。有西班李将军女，奔波随人，迤逦达兴元。骨肉分散，无所依托。适值凤翔奏将军董司马者，乃晦其门阀，以身托之，而性甚明敏，善于承奉，得至于蜀。寻访亲眷，知在行朝，始谓董生曰："丧乱之中，女弱不能自济，幸蒙提挈，以至于此。失身之事，非不幸也。人各有偶，难为偕老，请自此辞。"董生惊愕，遂下其山矣。识者谓女子之智亦足称也。见刘山甫《闲谈》。（寅恪案：闽从事刘山甫撰《金溪闲谈》十二卷，即见《北梦琐言》。）

寅恪案：《秦妇吟》中述一妇人从长安东奔往洛阳，其行程即端己所亲历也。依《秦妇吟》所述，此妇之出长安，约在中和二年二月所谓“黄巢洗〔长安〕城”之后。盖长安经此役后，凡非巢党，殊难苟存。端己之出长安，亦当在此相距不久之时。但即在此前或此后，大多数之避难者，其从长安东奔之路线，应亦与诗中所言者不殊。此观于平时交通之情况，可以推知者也。《北梦琐言》“李氏女”条所纪，亦当日避难妇女普遍遭遇，匪独限于李氏女一人也。由是言之，《秦妇吟》之秦妇，无论其是否为端己本身之假托，抑或实有其人，所经行之路线则非有二。《金溪闲谈》之李氏女，即使其非从长安西奔达成都（若由此路，则唐人谓之南奔也），而从长安东奔达洛阳，但由此路线避难之妇女所遭遇之情势，亦应有与《金溪闲谈》所述者略相近似。据《旧唐书·杨复光传》，王重荣为东面招讨使，复光以兵会之。又据《两唐书·王重荣传》，复光与重荣合攻李祥于华州，及重荣军华阴，复光军渭北，犄角败贼。是从长安东出奔于洛阳者，如《秦妇吟》之秦妇，其路线自须经近杨军防地。复依《旧唐书·僖宗纪》、《新唐书·王重荣传》及《通鉴》“中和元年〔九月〕”之纪事，复光屯军武功，则从长安西出奔于成都者，如《金溪闲谈》之李氏女，其路线亦须经近杨军防地，而杨军之八都大将之中，前蜀创业垂统之君，端己北面亲事之主（王建）即是其一。其余若晋晖、李师泰之徒，皆前日杨军八都之旧将，后来王蜀开国之元勋也。当时复光屯军武功，或会兵华渭之日，疑不能不有如秦妇避难之人及李女委身之事。端己之诗，流行一世，本写故国乱离之惨状，适触新朝宫阃之隐情，所以讳莫如深，志希免祸。以生平之杰构，古今之至文，而竟垂戒子孙，禁其传布者，其故倘在斯欤？倘在斯欤？

（丙）诗句校释

其关于诗中文句之校释，尚有须略缀数语，申述鄙见者，列举如下。至其他校释，已见诸校本而可信从，或无关重要者，皆不赘述。

诗云：

翻持象笏作三公，倒佩金鱼为两史。

周《注》云：

两史为柏台（御史大夫）、兰省（御史中丞）也。

寅恪案：《通典》二一《职官典三·宰相门》“中书令”条略云：

隋初改中书为内史，置监、令各一人，寻废监置令二人。大唐武德初为内史令。三年改为中书令，亦置二人。龙朔二年改为右相。

据此，两史与三公为对文，自指宰相而言。若御史中丞，则官阶仅正四品下，职位太卑，非端己诗意也。

诗云：

昨日官军收赤水，赤水去城一百里。

寅恪案：《水经注》一九《渭水篇》云：

径望仙宫东，又北与赤水会。

据此，并参考杨守敬《水经注地图》第四册南五卷南五西五上，准诸地望，此二句与《旧唐书·僖宗纪》所纪：

〔中和〕二年二月，泾原大将唐弘夫大败贼将林言于兴平，俘斩万计。

之事适合。

诗云：

逡巡走马传声急，又道官军全阵入。大彭小彭相顾忧，二郎四郎抱鞍泣。

寅恪案：安友盛本作“官军”，似较他本之作“军前”者为佳。下文云“又道官军悉败绩”可证也。又王氏校本云：

“彭”，伦敦残本作“台”，巴黎图书馆伯希和号三七八〇作“大鼓”。

寅恪案：“台”及“鼓”皆是“彭”之形讹，自不可据以校改。但“大彭小彭”语不易解，周《注》云：

“大彭小彭”，谓黄巢部下之将时溥及秦彦。

盖据《旧唐书》时溥、秦彦传，二人皆彭城人也。又云：

“二郎四郎”即谓黄巢及弟揆。

举《两唐书·黄巢传》为证。

寅恪案：《旧唐书》一八二《时溥传》，前于论从洛阳东奔路程一节中已详引，兹不复录，仅就《秦彦传》取与《时溥传》并观，以见周说之难通。《旧唐书》一八二《高骈传》附秦彦传略云：

秦彦者，徐州人。聚徒百人，杀下邳令，取其资装，入黄巢军。巢兵败于淮南，乃与许勍俱降高骈，累奏授和州刺史。中和二年，宣歙观察使窦潏病，彦以兵袭取之，遂代潏为观察使，朝廷因而命之。

据此，时溥虽高骈谓其为黄巢外应（见前引《桂苑笔耕集》一一《告报诸道征促纲运书》及《答襄阳郄将军书》）是否诋诬之词，犹待考实。但其始终未作黄巢部下之将，则事迹甚明。秦彦虽一度入黄巢军，中和二年二月以前，早已降于高骈，奏授和州刺史。故以时地考之，中和二年二月时溥在徐州，秦彦在和州或宣州。（秦彦袭取宣州事，《通鉴》系于中和二年之末，盖难定其日月也。）二人既均不在长安，又俱非黄巢部将，何得在围城之中闻官军将入而相顾以忧乎。

故知"大彭小彭"必不谓秦彦、时溥。"二郎四郎"疑与"大彭小彭"同是泛称，非实指黄巢、黄揆也。

苏鹗《苏氏演义》上云：

俗呼奴为邦，今人以奴为家人也。凡邦、家二字多相连而用。时人欲讳家人之名，但呼为邦而已，盖取用于下字者也。又云：仆者皆奴仆也，但《论语》云：邦君树塞门。树犹屏也。不言君但言邦，此皆委曲避就之意也。今人奴拜多不全其礼，邦字从半拜，因以此呼之。（此文疑有脱误，俟求善本校之。）

李匡乂《资暇集》下"奴为邦"条云：

呼奴为邦者，盖旧谓僮仆之未冠者曰竖。人不能直言其奴，因号奴为竖。高欢东魏用事时，相府法曹卒（寅恪案：卒当作辛，见《北齐书》二四《北史》五五《杜弼传》）子炎（？）误犯欢奴杖之。欢讳树，而威权倾于邺下，当是郡（群？）寮以竖同音，因目奴为邦，义取“邦君树塞门”，以句内有树字，假竖为树，故歇后为言，今兼删去君字呼之。一说邦字类拜字，言奴非唯郎主，是宾则拜。（此文疑有脱误，俟求善本校之。）

寅恪案：苏氏讳家人为邦，李氏避高欢父树生讳之说，虽未必可从，但德祥为光启中进士（见晁公武《郡斋读书志》三下），济翁亦唐末人，与端己所处时代近同，且德祥居武功之杜阳川（亦见晁《志》），济翁所述又显为山东之俗，则当时呼奴为邦，东西皆然。夫俗语之用，原无定字，彭邦二音相近，故书为邦者，宜亦得书为彭。是韦诗中之俗语，似可以苏、李书中所记当时之音义释之，然则“大彭小彭”者，殆与大奴小奴同其义也。

又《旧唐书》九六《宋璟传》云：

当时（武则天时）朝列皆以二张内宠不名官，呼易之为五郎，昌宗为六郎，天官侍郎郑善果（据《通鉴考异》——“长安三年九月郑杲谓宋璟奈何卿五郎”条，应作“郑杲”）谓璟曰：“中丞奈何呼五郎为卿?”璟曰：“以官言之，正当为卿。若以亲故，当为张五。足下非易之家奴，何郎之有？郑善果一何懦哉?”

《通鉴》二〇七《唐纪·则天后纪》“长安三年九月郑杲谓宋璟奈何卿五郎”条胡《注》云：

门生家奴呼其主为郎，今俗犹谓之郎主。

盖奴呼主为郎，主呼奴为邦，或彭。故端己以此二者对列，极为工整自然。可知此二句诗意，只谓主人及奴仆，即举家上下全体忧泣而已，非有所实指也。

诗云：

> 四面从兹多厄束，一斗黄金一升粟。尚让厨中食木皮，黄巢机上刲人肉。

“升粟”，罗氏校本作“斗粟”，王氏及翟君校本作“升粟”，巴黎图书馆伯希和号三七八〇及三九五三俱作“胜粟”，周君笺注本从罗校作“斗粟”。

寅恪案：作“斗粟”虽亦可通，作“升粟”者疑是端己之原文。考唐人以钱帛估计米粟之价值时，概以斗言。故斗粟或斗米值若干，乃当时习用之成语。兹列举例证，如《旧唐书》七四《马周传》、《唐会要》八三《租税上》皆载贞观十一年周上《疏》云：

> 贞观之初，率土荒俭，一匹绢才得一斗米，而天下帖然。

《旧唐书》八《玄宗纪上》云：

> 〔开元十三年〕十二月己巳，至东都，时累岁丰稔，东都米斗十钱，青齐米斗五钱。

又同书一一《代宗纪》云：

> 永泰元年三月庚子，夜降霜，木有冰，岁饥，米斗千钱，诸谷皆贵。秋七月庚子，雨。时久旱，京师米斗一千四百，他谷食称是。

又同书一一四《鲁炅传》云：

> 〔南阳郡〕城中食尽，煮牛皮筋角而食之，米斗至四五十千。

又同书一二三《刘晏传》云：

> 时新承兵戈之后，中外艰食，京师米价斗至一千。

又同书一八二《高骈传》云：

既而蔡贼杨行密自寿州率兵三万乘虚攻〔扬州〕城，城中米斗五十千。

又同书二〇〇上《安禄山传》附庆绪传云：

〔相州〕城中人相食，米斗钱七万余。

又同书二〇〇下《黄巢传》（前文已引。又《通鉴》二五四“中和二年”条亦略同）云：

谷食腾踊，米斗三十千。

《新唐书》五一《食货志》略云：

贞观初，户不及三百万，绢一匹易米一斗，至四年米斗四五钱。及两京平，又于关辅诸州纳钱度道士僧尼万人，而百姓残于兵盗，米斗至钱七千。

又同书五三《食货志》云：

贞元初关辅宿兵，米斗千钱。

又同书九七《魏征传》云：

于是帝（太宗）即位四年，岁断死二十九，几至刑措，米斗三钱。

又同书一四七《鲁炅传》云：

〔南阳郡〕城中食尽，米斗五十千。

又同书一四九《刘晏传》云：

时大兵后，京师米斗千钱。

又同书二二五上《安禄山传》附庆绪传云：

决安阳水灌（相州）城，城中栈而处。粮尽易口以食，米斗钱七万余。

陆宣公《谏苑集·奏议二·请减京东水运收脚价于缘边州镇蓄储军粮状》略云：

故承前有“用一斗钱运一斗米”之言，至使流俗过言，有“用一斗钱运一斗米”之说。

又同集《奏议三·请依京兆所请折纳事状》云：

度支续奏，称据时估豌豆每斗七十价已上，大豆每斗三十价已下。

王楙《野客丛书》八云：

嵇叔夜《养生论》曰：“夫田种者一亩十斛，谓之良田，此天下之通称也。不知区种可百余斛。”安有一亩收百斛之理？《前汉书·食货志》曰：“治田勤则亩益三升，不勤损亦如之。”一亩而损益三升，又何其寡也。仆尝以二说而折之理，俱有一字之失。嵇之所谓斛，汉之所谓升，皆斗字耳。盖汉之隶文书斗为[illegible]，字文绝似升字。汉史书斗字为㪷字，字文又近于斛字，恐皆传写之误。

又刘复君《敦煌掇琐·中辑》六六《天宝四载豆卢军和籴帐》所载之“斗估”，除二处外，余悉误作“升估”，以致计算几全不合。寅恪初颇致疑，以未见原写本，不敢臆断。后承贺昌群君告以古人所书斗升二字差别至微，故易于误认，并举其近日读汉简之经验为例。寅恪复证以刘书之幸而未误之一字，即第二六一页三行之“斗”字，系依原写之形，尚未改易者，遂豁然通解。然则端己此诗若依罗氏校本作“一斗黄金一斗粟”，犹是唐人常语，不足为奇。

今作“一斗黄金一升粟”，则是端已故甚其词，特意形容之笔，此一字颇关重要，因恐读者等闲放过，遂详引史籍以阐明之。又以敦煌写本之故，联类牵及校正《敦煌掇琐》之误，附识于此。

复次，唐人写本之多作㪷胜者，乃因斗、升二字形近易误之故。今巴黎图书馆伯希和号三七八〇及三九五三俱作“胜粟”，尤足证端已诗本作“升粟”，而非“斗粟”也。至其他旧籍中升、斗二字之误者，尚可多举例证，以其关系较远，且前所举诸例已足证明，故不复详具焉。

又《道藏·洞玄部·记传类》（第三二七册恭上）杜光庭《录异记》三《忠》（此条承周一良先生举以见告者）略云：

僖宗幸蜀，黄巢陷长安，南北臣僚奔问者相继。无何，执金吾张直方与宰臣刘邺、于悰诸朝士等，潜议奔行朝，为群盗所觉，诛戮者至多。自是厄束，内外阻绝。京师积粮尚多，巧工刘万余〔等〕窃相谓曰：“大寇所向无敌，京师粮贮甚多，虽诸道不宾，外物不入，而支持之力，数年未尽。吾党受国恩深，志效忠赤，而飞窜无门，皆为逆党所使。吾将贡策，请竭其粮。外货不至，内食既尽，不一二年，可自败亡矣。”万余，黄巢怜其巧性，常侍直左右。因从容言曰：“长安苑囿城隍，不啻百里。若外兵来逼，须有御备。不尔，固守为难，请自望仙门以北，周玄武、白虎诸门，博筑城池，置楼橹却敌，为御捍之备，有持久之安也。”黄巢喜，且赏其忠节。即日使两街选召丁夫各十万人筑城。人支米二升，钱四十文。日计左右军支米四千石，钱八千贯。岁余功不辍，而城未周，以至于出太仓谷以支夫食，然后剥榆皮而充御厨。城竟不就。万余惧贼觉其机，出投河阳，经年病卒。

寅恪案：杜记韦诗所言多足参证，而“厄束”及“剥榆皮而充御厨”等语，尤可注意。岂以时地相同，《广成》《浣花》两作品之间，亦有关系耶？

诗云：

六军门外倚僵尸，七架营中填饿殍。

翟君云：乙本“架”作“策”，其他校本皆作“架”。巴黎图书馆伯希和号三七八〇作“贾”，旁注：“架”。

翟君又云：

七架营之地址不可考，惟《长安志》卷六有七架亭，在禁苑中，去宫城十三里，在长安故城之东，未知即其地否。

寅恪案：《穆天子传》一云：

天子乃乐□赐七萃之士战。

郭注云：

萃，集也，亦犹《传》有七舆大夫，皆聚集有智力者，为王之爪牙也。

故七萃即禁军之义，唐人文中颇习用之。如《白氏长庆集》三六《驸马都尉郑何除右卫将军制》云“周设七萃”，同集三七《除户部尚书王泌充灵盐节度使制》云“且司七萃”，李卫公《会昌一品集·别集》六《扶风马公（存亮）神道碑铭》云“取材能于七萃”等，皆是其例，不待多举。然则“策”字、“架”字俱为“萃”字之形误，而“贾”字又系“架”音之讹转也。盖“六军门外”“七萃营中”，皆相对为文，若作“七架营”，则不可解矣。

诗云：

路旁试问金天神，金天无语愁于人。

翟君谓丁本“金天神”下有注云“华岳三郎”。

寅恪案：周《注》引《西岳华山志》，黄仲琴君引《逸史·金天王叶仙师事》（中山大学《文史月刊》第一卷第五期《〈秦妇吟〉补注》），皆是也。但均未征引最初出典，兹特移录《唐大诏令集》七四《典礼类·岳渎山川门》先天二年八月二日《封华岳神为金天王制》，以资参考。制云：

门下惟岳有五，太华其一。表峻皇居，合灵兴运。朕惟恭膺大宝，肇业神京，至诚所祈，神契潜感。顷者乱常悖道，有甲兵而窃发。仗顺诛逆，犹风雨之从助。永言幽赞，宁忘仰止。厥功茂矣，报德斯存。宜封华岳神为金天王。仍令龙景观道士鸿胪卿员外置越国公叶法善，备礼告祭，主者施行。

诗云：

旋教魇鬼傍乡村，诛剥生灵过朝夕。

寅恪案：安友盛写本作“魇”。其有作“魔”者非是。何以言之？据《北梦琐言》一一“关三郎入关”条云：

唐咸通乱离后，坊巷讹言关三郎鬼兵入城，家家恐悚。罹其患者，令人寒热战栗，亦无大苦。〔弘〕农杨玭挈家自骆谷路入洋源，行及秦岭，回望京师，乃曰：“此处应免关三郎相随也。”语未终，一时股栗。斯又何哉？夫丧乱之间，阴厉旁作，心既疑矣，邪亦随之，关妖之说正谓是也。愚幼年曾省故里，传有一夷，迷（据端己诗“天遣时灾非自由”语，“迷”字疑当作“遣”）鬼魇人，闾巷夜聚以避之，凡有窗隙悉皆涂塞。其鬼忽来，即扑人惊魇，须臾而止。

则知端己所谓“旋教魇鬼傍乡村”，即《琐言》所谓“阴厉旁作”及“传有一夷，遣鬼魇人”也。又王刘修业夫人《〈秦妇吟〉校勘续记》（《学原》第一卷第七期）谓丁巳两本“金天神”，下注“华岳三郎”四字，而端己诗“天（“天”即金天神之“天”）遣时灾非自由”及“旋教魇鬼傍乡村”与《琐言》所记者适合，是华岳三郎与关三郎实非有二，明矣。至华岳三郎亦可称关三郎之故，岂亦潼关距华岳不远，三郎遂亦得以关为号耶？俟考。

金天神一节之本旨，在述当时“时灾”即时疫流行之事，其责望山东藩镇之残民肥己、不急国难如高骈者，尚为附带之笔。至以此节乃指斥僖宗为言者，鄙意不然。盖以避黄巢之士人如端己，献诗为质于忠于唐室之大臣如周宝，岂有作斯无君之语，转自绝其进谒之路者乎？此说甚乖事理，必非端己诗旨，不待详辨也。

诗云：

前年又出杨震关，举头云际见荆山。如从地府到人间，顿觉时清天地闲。

寅恪案：此言脱出黄巢势力范围，转入别一天地。实为端己痛定思痛之语，其感慨深矣。端己取道出关，途中望见荆山，遂述及荆山所在地之陕虢主帅能保境安民，此亦联想措词之妙也。

据《汉书》六《武帝纪》云：

〔元鼎〕三年冬徙函谷关于新安。（应劭曰：“时楼船将军杨仆数有大功，耻为关外民，上书乞徙东关，以家财给其用度。武帝意亦好广阔，于是徙关于新安，去弘农三百里。”）

又据《水经注》一五《洛水篇》云：

洛水自枝渎，又东出关，惠水右注之，世谓之八关水。戴延之《西征记》谓之八关泽，即《经》所谓散关。鄣自南山，横洛水，北属于河，皆关塞也，即杨仆家僮所筑矣。

及同书一六《谷水篇》云：

谷水又东径函谷关南，东北流，皂涧水注之。水出新安县东，南流径毋丘兴墓东，又南径函谷关西，关高险陿，路出廛郭。汉元鼎三年，楼船将军杨仆数有大功，耻居关外，请以家僮七百人筑塞，徙关于新安，即此处也。

又《元和郡县图志》五“河南府新安县”条略云：

本汉旧县，属弘农郡。

函谷故关在县东一里。汉武帝元鼎三年，为杨仆徙关于新安。今县城之东有南北塞垣，杨仆所筑。

及同书六“虢州湖城县”条云：

荆山在县南，即黄帝铸鼎之处。

然则杨仆关正在新安之地，与下文“明朝又过新安东”之句行程地望皆相符合。颇疑“杨震关”乃“杨仆关”之讹写，殆由传写者习闻东京之“关西夫子杨伯起”（见《后汉书》八四《杨震传》），而不知有西京之楼船将军，遂以致误耶？

诗云：

明朝又过新安东，路上乞浆逢一翁。

又云：

乡园本贯东畿县，岁岁耕桑临近甸。岁种良田二百廛，年输户税三千万。小姑惯织褐絁袍，中妇能炊红黍饭。

寅恪案：《元和郡县图志》五《河南道一》“河南府”条云：

新安县，畿。

据此，新安县为隶属东都河南府之畿县。此老翁既遇于新安以东之路上，自是新安县或河南府籍，故曰“乡园本贯东畿县”也。周《注》引《唐书·方镇表》“至德元载，置东畿观察使，领怀、郑、汝、陕四州”，未谛。“年输户税三千万”句，翟君谓“罗校易‘千’为‘十’，似是”。寅恪案：罗氏意三千万为数太多，故易以三十万，不知诗尚有：

明朝晓至三峰路，百万人家无一户。

之句，其实三峰之下，岂有百万户乎？词人之数字，仅代表数量众多而已，不必过于拘泥也。所可注意者，良田二百廛，及户税三千万一联，正指唐代地户两税。据《唐会要》八三《租税上》略云：

大历四年正月十八日敕，天下及王公已下，自今已后，宜准度支长行旨条，每年税钱上上户四千文，下下户五百文。

则广明以后，当更有增益，而周《注》引《通典》“武德元年，诏上户丁税，年输十文”之语，谓：

原本作三千万，数过多，罗校易千为十，似是。户税三十万则有三万户。

据《通典》六《赋税下》“大唐”条云：

蕃人(《册府元龟》作“蕃胡”，乃原文未经改易者）内附者，上户丁税钱十文，次户五文，下户免之。

然则《通典》此节乃专指蕃胡内附者而言，不可以概括当时一般税率。况广明以后，一般税率当更较大历时增多，岂可以武德时内附蕃胡之税率以计算广明一般平民之户数乎？丁、戊两本作“褐絁袍”，他本作“褐绝袍”，罗王校本皆易“绝”为“絁”。

寅恪案：作“絁”是也。据《敦煌掇琐·中辑》六六载《天宝四载和籴准旨支二万段出武咸（威）郡帐》内，有五百五十匹河南府絁。此翁本贯河南府新安县，则“绝”之校改作“絁”，信有明征矣。又近人《秦妇吟》之解释，及韦氏年谱之编载，鄙见尚有不敢苟同者。以其无关本篇主旨，故不一一致辨，特拈端己所以讳言《秦妇吟》之公案，以待治唐五代文学史者之参究。

（陈寅恪先生关于《秦妇吟》一诗的校笺，先后发表过数次：《读〈秦妇吟〉》，《清华学报》第十一卷四期；《〈秦妇吟〉校笺》，一九四〇年昆明刊本，系据前文增订改名；《〈秦妇吟校笺〉旧稿补正》，一九五〇年《岭南学报》十卷二期；《韦庄〈秦妇吟〉校笺》，一九八〇年上海古籍版《寒柳堂集》收录，续有补正。）

狐臭与胡臭

中古华夏民族曾杂有一部分之西胡血统，近世学人考证之者，颇亦翔实矣。寅恪则疑吾国中古医书中有所谓腋气之病，即狐臭者，其得名之由，或与此端有关。但平生于生理医药之学绝无通解，故不敢妄说。仅就吾国古来腋气之异称，及旧籍所载有腋气之人其家世种族两点，略举事例，聊供谈助而已。尚希读者勿因此误会以为有所考定，幸甚幸甚！

隋巢元方《诸病源候总论》五八《小儿杂病诸候六》“狐臭”条云：

> 人有血气不和，腋下有如野狐之气，谓之狐臭。而此气能染，易着于人。小儿多是乳养之人先有此病，染着小儿。

寅恪案：腋气今仍称狐臭，如报纸药品广告及世俗语言中犹常见之。其得名之由，依巢氏之言，以为“有如野狐之气”，义自可通。但今日国人尝游欧美者，咸知彼土之人当盛年时，大抵有腋气，必非血气不和。其与染着无涉，更不待言也。

唐孙真人思邈《千金要方》七四之九“胡臭漏腋第五”论曰：

> 有天生胡臭者，为人所染胡臭者。天生臭者难治，为人所染者易治。

寅恪案：南宋杨士瀛《仁斋直指》有腋下胡气之目，李时珍《本草纲目》一一《金石类》“绿矾”条附方中亦引之。“胡臭”之“胡”，自是胡人之“胡”，盖古代“胡”“狐”二字虽可通用，但在《千金方》《仁斋直指》《本草纲目》编著之时，既不可认“胡”为“狐”之同音假借，而诸书俱作“胡”不作“狐”，亦不得谓以音近之故，传写致讹。然则腋气实有“狐臭”及“胡臭”不同之二名可知也。惟二名孰较原始与正确，颇不易决。考唐崔令钦《教坊记》云：

> 范汉女大娘子亦是竿木家，开元二十一年出内，有姿媚，而微愠羝。

文下原注云：

> 谓腋气也。

寅恪案：范汉女大娘子其先代之男女血统，无从得知，但竿木之伎本附属于唐代立部伎之杂戏及柘枝舞者，而此种伎舞乃中央亚细亚输入我国艺术之一。其伎舞之人，初本西胡族类，又多世擅其业者也。（详《旧唐书》二九《音乐志二》、史浩《鄮峰真隐漫录》四五《柘枝舞大曲附柘枝舞小考》等，兹不赘述。）据此，则范汉女大娘子之血统，殊有西胡人种混杂之可能。其“微愠羝”者，或亦先世西胡血统遗传所致耶？五代何光远《鉴诫录》四“斥乱常”条云：

> 宾贡李珣，字德润，本蜀中土生波斯也。少小苦心，屡称宾贡。所吟诗句往往动人。尹校书鹗者，锦城烟月之士，与李生长为善友，遽因戏遇嘲之，李生文章扫地而尽。诗曰：异域从来不乱常，李波斯强学文章。假饶折得东堂桂，胡臭薰来也不香。

北宋黄休复《茅亭客话》二“李四郎”条云：

> 李四郎名玹，字廷仪。其先波斯国人，随僖宗入蜀，授率府率。兄珣有诗名，预宾贡焉。玹举止温雅，颇有节行，以鬻香药为业，善弈棋，好摄养，以金丹延驻为务。暮年以炉鼎之

费，家无余财，唯道书药囊而已。

寅恪案：何、黄两书皆谓珣出自波斯，且其兄玹又以鬻香药为业。故珣为西胡血统，绝无可疑。至珣本身是否实有腋气，抑尹鹗仅假“胡臭”之名以为讥笑，诚难确定。但《鉴诫录》之作“胡臭”，足与《千金方》《仁斋直指》《本草纲目》等书互相印证，而李珣本人则因此条记载之故，亦发生体有腋气之嫌疑也。总之，范汉女大娘子虽本身实有腋气，而其血统则仅能作出于西胡之推测。李珣虽血统确是西胡，而本身则仅有腋气之嫌疑。证据之不充足如此，而欲依之以求结论，其不可能，自不待言。但我国中古旧籍明载某人体有腋气，而其先世男女血统又可考知者，恐不易多得。即以前述之二人而论，则不得谓腋气与西胡无关。疑此腋气本由西胡种人得名，迨西胡人种与华夏民族血统混淆既久之后，即在华人之中亦间有此臭者，倘仍以胡为名，自宜有人疑为不合。因其复似野狐之气，遂改“胡”为“狐”矣。若所推测者不谬，则“胡臭”一名较之“狐臭”，实为原始，而且正确欤？

又孙思邈生于隋代，与巢元方为先后同时之人，故不可据巢书作“狐臭”而孙书作“胡臭”，遽谓“狐臭”之称尚先于“胡臭”也。世之考论我国中古时代西胡人种者，止以高鼻深目多须为特征，未尝一及腋气，故略举事例，兼述所疑如此。

（原载一九三七年六月清华大学文学会编《语言与文学》）

徐高阮《重刊〈洛阳伽蓝记〉》序

寅恪昔年尝与徐君高阮论六朝人合本子注之书，因举《洛阳伽蓝记》为例证。徐君谓鄙说不谬，遂校定杨《记》。近得来书云，将刊行之，以质诸世之通识君子，并征序言。寅恪请更推论，以复徐君，不知徐君于意云何？裴世期受诏采三国异同，以注陈《志》。其自言著述之旨，以为注记纷错，每多舛互。凡承祚所不载，而事宜存录者，则罔不毕取，以补其阙。又同说一事，而辞有乖杂，或出事本异，而疑不能判者，则并皆抄内，以备异闻。据此言之，裴氏《〈三国志〉注》实一广义之合本子注也。刘孝标《〈世说新语〉注》，经后人删略，非复原本。幸日本犹存残卷，得借以窥见刘《注》之旧，知其书亦广义之合本子注也。郦善长之注《水经》，其体制盖同裴、刘，而此书传世，久无善本。虽清儒校勘至勤，蔚成显学，惜合本子注之义，迄未能阐发。然则徐君是本之出，不独能恢复杨《记》之旧观，兼可推明古人治学之方法。他日读裴、刘、郦三家之书者，寅恪知其必取之以相参证无疑也。

一千九百四十八年岁次戊子三月十五日陈寅恪书于北平清华园

（原载一九四八年中央研究院历史语言研究所专刊之四十二《重刊〈洛阳伽蓝记〉》书首）

朱延丰《突厥通考》序

朱君延丰前肄业清华大学研究院时，成一论文，题曰“突厥通考”。寅恪语朱君曰，此文资料疑尚未备，论断或犹可商，请俟十年增改之后，出以与世相见，则如率精锐之卒，摧陷敌阵，可无敌于中原矣。盖当日欲痛矫时俗轻易刊书之弊，虽或过慎，亦有所不顾也。朱君不以鄙见为不然，遂藏之箧中，随时修正。迄于今日，忽已十年。值南海战起，寅恪归自香港，寄居雁山，朱君从三台东北大学以书来告曰，前所为《突厥通考》已详悉补正，将刊布于世，愿得一言以为序引。寅恪平生治学，不甘逐队随人而为牛后。年来自审所知，实限于禹域以内，故仅守老氏“损之又损”之义，捐弃故技。凡塞表殊族之史事，不复敢上下议论于其间。转思处身局外，如楚得臣所谓冯轼而观士戏者。是今日之不欲更置词于是书之篇首而侈言得失，亦已明矣。虽然，曩以家世因缘，获闻光绪京朝胜流之绪论。其时学术风气，治经颇尚《公羊春秋》，乙部之学则喜谈西北史地。后来今文《公羊》之学，递演为改制疑古，流风所被，与近四十年间变幻之政治、浪漫之文学殊有连系。此稍习国闻之士所能知者也。西北史地以较为朴学之故，似不及今文经学流被之深广。惟默察当今大势，吾国将来必循汉唐之轨辙，倾其全力经营西北，则可以无疑。考自古世局之转移，往往起于前人一时学术趋向之细微。迨至后来，遂若惊雷破柱、怒涛振海之不可御遏。然则朱君是书乃此日世局潮流中应有之作。从事补正，既历十年之久，宜其不可更迟刊行，以与世相见，而寅恪今虽如退院老僧，已不躬预击鼓撞钟，高唱伽陀之盛集，但以尝与朱君初治西北民族史之时，一相关涉，终亦不得不勉徇其请，为置一词，以述是书迟延刊布之所由也。龚自珍诗云："但开风气不为师。"寅恪之于西北史地之学，适同璱人之所志，因举其句为朱君诵之。兼借以告并世友朋之欲知近日鄙状者。

一九四二年岁次壬午十二月三日陈寅恪书于桂林雁山别墅

（原载一九四三年一月《读书通讯》第五十八期）

俞曲园先生《病中呓语》跋

曲园先生《病中呓语》不载集中，近颇传于世。或疑以为伪，或惊以为奇。疑以为伪者固非，惊以为奇者亦未为得也。天下之致赜者莫过于人事，疑若不可以前知。然人事有初、中、后三际（借用摩尼教语），犹物状有线、面、体诸形。其演嬗先后之间，即不为确定之因果，亦必生相互之关系。故以观空者而观时，天下人事之变，遂无一不为当然而非偶然。既为当然，则因有可以前知之理也。此诗之作，在旧朝德宗景皇帝庚子辛丑之岁，盖今日神州之世局，三十年前已成定而不可移易。当时中智之士莫不惴惴然睹大祸之将届，况先生为一代儒林宗硕、湛思而通识之人，值其气机触会，探演微隐以示来者，宜所言多中，复何奇之有焉！

尝与平伯言："吾徒今日处身于不夷不惠之间，托命于非驴非马之国，其所遭遇，在此诗第二第六首之间，至第七首所言，则邈不可期，未能留命以相待，亦姑诵之玩之，譬诸遥望海上神山，虽不可即，但知来日尚有此一境者，未始不可以少纾忧生之念。然而其用心苦矣。"

《钟离意别传》（见《后汉书·列传》三一《钟离意传》章怀《注》所引）略云："意为鲁相，〔发〕孔子教授堂下床首所悬瓮中素书，文曰'后世修吾书董仲舒'。"所言记莂名字，失之太凿，不必可信。而此诗末首曰："略将数语示儿曹。"然则今日平伯之录之诠之者，似亦为当时所预知。此殆所谓人事之当然而非偶然者欤?

戊辰三月义宁陈寅恪敬识

（原载《清华周刊》第三十七卷第二期五二九号，一九三二年三月五日版）

读吴其昌撰《梁启超传》书后

任公先生殁将二十年，其弟子吴子馨君其昌始撰此传。其书未成，仅至戊戌政变，而子馨呕血死。伤哉！任公先生高文博学，近世所罕见。然论者每惜其与中国五十年腐恶之政治不能绝缘，以为先生之不幸。是说也，余窃疑之。尝读元明旧史，见刘藏春、姚逃虚皆以世外闲身而与人家国事。况先生少为儒家之学，本董生国身通一之旨，慕伊尹天民先觉之任，其不能与当时腐恶之政治绝缘，势不得不然。忆洪宪称帝之日，余适旅居旧都，其时颂美袁氏功德者，极丑怪之奇观。深感廉耻道尽，至为痛心。至如国体之为君主抑或民主，则尚为其次者。迨先生《异哉所谓国体问题者》一文出，摧陷廓清，如拨云雾而睹青天。然则先生不能与近世政治绝缘者，实有不获已之故。此则中国之不幸，非独先生之不幸也。又何病焉？

子馨此书，叙戊戌政变，多取材于先生自撰之《戊戌政变记》。此记先生作于情感愤激之时，所言不尽实录。子馨撰此传时，亦为一时之情感所动荡。故此传中关于戊戌政变之记述，犹有待于他日之考订增改者也。

夫戊戌政变已大书深刻于旧朝晚季之史乘，其一时之成败是非，天下后世自有公论，兹不必言。惟先生至长沙主讲时务学堂之始末，则关系先世之旧闻，不得不补叙于此，并明当时之言变法者盖有不同之二源，未可混一论之也。咸丰之世，先祖亦应进士举，居京师。亲见圆明园干霄之火，痛哭南归。其后治军治民，益知中国旧法之不可不变。后交湘阴郭筠仙侍郎嵩焘，极相倾服，许为孤忠闳识。先君亦从郭公论文论学。而郭公者亦颂美西法，当时士大夫目为汉奸国贼，群欲得杀之而甘心者也。至南海康先生治今文《公羊》之学，附会孔子改制以言变法。其与历验世务欲借镜西国以变神州旧法者，本自不同。故先祖、先君见义乌朱鼎甫先生一新《无邪堂答问》驳斥南海《公羊春秋》之说，深以为然。据是可知余家之主变法，其思想源流之所在矣。新会先生居长沙时，余随宦巡署，时方童稚，懵无知识。后游学归国，而先君晚岁多病，未敢以旧事为问。丁丑春，余偶游故宫博物院，见清德宗所阅旧书中，有《时务学堂章程》一册，上有烛烬及油污之迹，盖崇陵乙夜披览之余所遗留者也。归寓举以奉告先君，先君因言聘新会至长沙主讲时务学堂本末。先是嘉应黄公度丈遵宪，力荐南海先生于先祖，请聘其主讲时务学堂。先祖以此询之先君。先君对以曾见新会之文，其所论说似胜于其师，不如舍康而聘梁。先祖许之。因聘新会至长沙。新会主讲时务学堂不久，多患发热病，其所评学生文卷，辞意未甚偏激，不过有开议会等说而已。惟随来助教韩君之评语，颇涉民族革命之意。诸生家属中有与长沙王益吾祭酒先谦相与往还者。葵园先生见之，因得挟以诋訾新政。韩君因是解职。未几新会亦去长沙。此新会主讲时务学堂之本末。而其所以至长沙者，实由先君之特荐。其后先君坐"招引奸邪"镌职，亦有由也。

自戊戌政变后十余年，而中国始开国会，其纷乱妄谬，为天下指笑，新会所尝目睹，亦助当政者发令而解散之矣。自新会殁，又十余年，中日战起。九县三精，飙回雾塞，而所谓民主政治之论，复甚嚣尘上。余少喜临川新法之新，而老同涑水迂叟之迂。盖验以人心之厚薄，民生之荣悴，则知五十年来，如车轮之逆转，似有合于所谓退化论之说者。是以论学论治，迥异时流，而迫于事势，噤不得发。因读此传，略书数语，付稚女美延藏之。美延当知乃翁此时悲往事，思来者，其忧伤苦痛，不仅如陆务观所云以元祐党家话贞元朝士之感已也。

乙酉孟夏青园病叟陈寅恪书

《莲花色尼出家因缘》跋

北平图书馆藏敦煌写本《诸经杂缘喻因由记》第一篇，其末云“号称莲花色尼”。盖莲花色尼出家因缘也。佛教故事中关于莲花色尼者颇多，此写本所述即其一种。寅恪初取而读之，见所谓七种咒誓恶报仅载六种，疑“七”字为“六”字之讹，或写本有脱文，遗去一种恶报。及玩首尾文义，乃知其不然。何以见“七”字非“六”字之误？以此篇有“设盟作七种之誓”及“作如是七种咒誓恶报”二句，其中“七”字先后再见，若言俱“六”字之讹，似不可能。又鸠摩罗什译众经，撰《杂譬喻经》卷下第三十七节，有大妇因妒以针刺杀小妇儿，致受恶报事。与此篇佛答阿难问中所述莲花色尼前生宿业适相符合。其为与此篇故事有关，自无疑义。兹节录彼经大意，并其文中涉及“七”字者，以资比较。

> 昔有一人两妇。大妇无儿，小妇生一男。大妇心内嫉之，以针刺儿囟上，七日便死。小妇知为大妇所伤，便欲报仇。问诸比丘，欲求心中所愿，当修何功德？诸比丘答言，当受持八关斋。即从比丘受八戒斋，后七日便死，转身来生大妇为女。端正，大妇爱之。年一岁死，大妇悲咽摧感，剧于小妇。如是七返，或二年，或三年，或四五年，或六七年。后转端正倍胜于前。最后年十四，已许人。垂当出门，即夜便卒死。大妇忧恼不可言，停尸棺中，不肯盖之。日日看视，死尸光颜益好，胜于生时。有阿罗汉往欲度脱，到其人家，从乞。沙门见妇颜色憔悴，言：“何为乃尔？”妇言：“前后生七女，黠慧可爱，便亡。此女最大，垂当出门，便复死亡，令我忧愁。”沙门言：“汝家小妇本坐何等死？小妇儿为何等死？”妇闻此语，默然不

答，心中惭愧。沙门言："汝杀人子，令其母忧愁懊恼，故来为汝作子，前后七返，是汝怨家欲以忧毒杀汝。汝试往视棺中死女，知复好否？"妇往视之，便尔坏烂，臭不可近。问何故念之？妇即惭愧，便藏埋之，从沙门求受戒。沙门言："明日来诣寺中。"女死便作毒蛇，知妇当行受戒，于道中待之，欲啮杀之。妇行，蛇遂遮前，不得前去。沙门知之。沙门谓蛇曰："汝后世世更作他小妇，共相酷毒，不可穷尽。大妇一反杀儿，汝今（令）懊恼已七返。汝前后过恶皆可度。此妇今行受戒，汝断其道。汝世世当入泥犁中。今现蛇身，何如此妇身？"蛇闻沙门语，自知宿命，持头着地，不喘息。沙门厩愿言："今汝二人宿命更相懊恼，罪过从此各毕，于是世世莫复恶意相向。"二俱忏悔讫，蛇即命终，便生人中。受戒作优婆夷。

据此，七之为数，乃规定不移之公式。故作咒誓恶报，亦应依此公式作七种。然则此篇之"七"字，非"六"字之误，益可因此证明。或谓"七"字固非"六"字之误，但七种恶报，仅载六种，而阙其一种者，安知非传写时，无意中所脱漏乎？为此说者，颇似言之成理。迨详绎此篇首尾文义，乃知其说亦不可能。盖此篇莲花色尼前生所设之（一）夫被蛇螫杀。（二）生儿被狼吃，及（三）被水溺。（四）自身生埋。（五）自食儿肉。（六）父母被火烧。共六种恶报，皆一一应验。既于篇首起，逐节详悉叙述，复于篇末佛答阿难问中，重举各种恶报之名。后者其文甚简，传写时容有无意中脱漏之事。前者则记一恶报，必累百言，或数十言。传写时无意中纵有脱漏，何能全部遗去不载一字？且篇中历叙各种恶报，至莲花色尼投佛出家止，皆意义联贯，次序分明，殊无阙少之痕迹。则此篇七种恶报只载六种者，其非传写时无意中脱漏，又可知矣。传写之讹误，或无心之脱漏，二种假定俱已不能成立。仅余一可能之设想，即编集或录写此《诸经杂缘喻因由记》者有所恶忌，故意迥削一种恶报。而未及改易文中之“七”字为“六”字，遂致此篇所举恶报之数，与所叙恶报之事不相符合。兹从印度原文资料中，补其所阙之一种恶报，并推测其所以迥削之故于下。

检巴利文涕利伽陀（此名依《善见律毗婆沙》一《序品》之音译）第六十四《莲花色尼篇》第二二四及第二二五偈，述母女共嫁一夫，其夫即其所生之子事。又见于涕罗伽陀（此名亦依《善见律毗婆沙》一《序品》之音译）第一二四《恒河岸比丘篇》第一二七及第一二八偈。据法护撰《涕利伽陀》此篇注解（巴利学会本第一九五至第一九七页）所载此尼出家因缘，与敦煌写本大抵相同，惟其中有一事绝异而为敦煌写本所无者，即莲花色尼屡嫁。而所生之子女皆离失，不复相识，复与其所生之女共嫁于其所生之子。迨既发觉，乃羞恶而出家焉。

印度佛教经典注解，每喜征引往昔因缘。若一考其实，则多为后来所附益，而非原始所应有。但莲花色尼与其女共嫁其子之事，见于偈颂之本文，决非注解中其他后来傅会之本事可比。且为全篇最要之一事，即莲花色尼出家关键之所在。凡叙其出家始末者，断不容略去此节。今敦煌写本备载莲花色尼出家因缘中其他各节，大抵与巴利文本相同，独阙此聚麀之恶报，其为故意之迥削，而非传写时无心之脱漏，似不容疑。考佛藏中往往以男女受身之由，推本于原始聚麀之念。用是激发羞恶之心，且可借之阐明不得不断欲出家之理。如《大宝积经》卷五五《佛为阿难说处胎会》一三（法护译《胞胎经》与此经同，而其文较简）云：

如是中阴欲受胎时，先起二种颠倒之心。云何为二？所谓父母和合之时，若是男者，于母生爱，于父生瞋，父流胤时，谓是己有。若是女者，于父生爱，于母生瞋，母流胤时，谓是己有。若不起此瞋爱心者，则不受胎。

又《大宝积经》卷五六《佛说入胎藏会》一四云：

又彼中有欲入胎时，心即颠倒。若是男者，于母生爱，于父生憎。若是女者，于父生爱，于母生憎，亦复相同。

又《瑜伽师地论》一《本地分中意地第二》之一云：

彼于尔时，见其父母共行邪行所出精血，而起颠倒。起颠倒者，谓见父母为邪行时，不谓父母行此邪行，乃起颠倒觉，见己自行。见己自行，便起贪爱。若当欲为女，彼即于父便起会贪。若欲为男，彼即于母起贪亦尔。乃往逼趣，若女于母，欲其远去；若男于父，心亦复尔。生此欲已，或唯见男，或唯见女，如如（如是如是?）渐近彼之处所。如是如是，渐渐不见父母余分，唯见男女根门。即于此处便被拘碍。死生道理如是应知。

则所言更详显矣。此种学说，其是非当否，姑不置论。惟与支那民族传统之伦理观念绝不相容，则不待言。佛法之入中国，其教义中实有与此土社会组织及传统观念相冲突者。如东晋至初唐二百数十年间，“沙门不应拜俗”及“沙门不敬王者”等说，见于彦悰六卷之书者（唐《彦悰集·沙门不应拜俗议》），皆以委婉之词否认此土君臣父子二伦之议论。然降及后世，国家颁布之法典，既有僧尼应拜父母之条文。（见薛允升《唐明律合编》九及《清律例》一七《礼律仪制》“僧道拜父母”条。）僧徒改订之规律，如禅宗重修之《百丈清规》。其首、次二篇，乃颂祷崇奉君主之祝禧章及报恩章，供养佛祖之报恩章转居在后。（式咸《至大清规序》云：“始此书之作，或以为僧受戒首之，或以住持入院首之。壬午，依觉庵先师于承天，朝夕扣问，因得以‘祝圣’‘如来降诞’二仪冠其前。其余门分类聚，厘为十卷。”据此，可知百丈原书犹略存毗奈耶本意。自元以后，则全部支那化矣。）夫僧徒戒本本从释迦部族共和国之法制蜕蝉而来，今竟数典忘祖，轻重倒置，至于斯极。橘迁地而变为枳，吾民族同化之力可谓大矣。但支那佛教信徒关于君臣父子之观念，后虽同化，当其初期，未尝无高僧大德不顾一切忌讳，公然出而辩护其教中无父无君之说者。独至男女性交诸要义，则此土自来佛教著述大抵噤默，不置一语。如小乘部僧尼戒律中，颇有涉及者，因以“在家人勿看”之语标识之。（《高僧传》一《康僧会传》云：“〔孙皓〕因求看沙门戒，会以戒文禁秘，不可轻宣。”疑与此同。）盖佛藏中学说之类是者，纵为笃信之教徒，以经神州传统道德所薰习之故，亦复不能奉受。特以其为圣典之文，不敢昌言诋斥。惟有隐秘闭藏，禁绝其流布而已。《莲花色尼出家因缘》中聚麀恶报不载于敦煌写本者，即由于此。兹为补其阙略，并附论所以见删削之故，庶几可使游于方内之士，得知贝多真实语中固有非常异议、可怪之论在也。

附 注

（一）《贤愚因缘经》三《微妙比丘尼品》一六所载故事与敦煌本略同，而比丘尼之名与敦煌本异。《大方便佛报恩经》五《慈品》中华色尼自述出家因缘，仅当敦煌本故事之前半，而比丘尼之名则与敦煌本符合。此二经虽皆载有咒誓恶报之事，然均无记其若干种之文。敦煌本所以独异者，或出于编纂者所臆加，或别有原本可据，今固不能知。但以鸠摩罗什译众经撰《杂譬喻经》所载故事证之，则咒誓恶报七种之语恐非编纂者自增。尤可注意者，即《贤愚因缘经》本无原本，实为支那僧徒游学中亚时听讲之笔记撰集而成（见僧祐《出三藏记集》九《贤愚经记》）。《大方便佛报恩经》内容既与《贤愚因缘经》相似，而特重行孝报恩之义。其经《序品》之后即为《孝养品》。又失译者之名，疑为同类之作品，俱经支那僧徒之手，有所改易，非复原来之旧。故与巴利文所载之较古而近真者不同，附识于此，或足以见鄙说之不甚谬也。

（二）沙门不拜俗事，可参清宽寿不拜世祖事。见康熙时所修《广济寺新志》中湛祐所作《玉光寿律师传》。

（原载一九三二年一月《清华学报》第七卷第一期）

#《三国志》曹冲、华佗传与佛教故事

陈承祚著《三国志》，下笔谨严。裴世期为之注，颇采小说故事以补之，转失原书去取之意，后人多议之者。实则《三国志》本文往往有佛教故事，杂糅附益于其间，特迹象隐晦，不易发觉其为外国输入者耳。今略举数事以证明之，或亦审查古代史料真伪者之一助也。

《魏志》二〇《邓哀王冲传》云：

> 邓哀王冲字仓舒，少聪察岐嶷，生五六岁，智意所及，有若成人之智。时孙权曾致巨象，太祖欲知其斤重，访之群下，咸莫能出其理。冲曰："置象大船之上，而刻其水痕所至，称物以载之，则校可知矣。"太祖大悦，即施行焉。

叶水心适《习学记言》二七论此事曰：

> 仓舒童孺，而有仁人之心，并舟称象，为世开智物理，盖天禀也。

是直信以为事实。何义门焯以仓舒死于建安十三年前，知其事为妄饰，而疑置水刻舟，算术中或本有此法。邵二云晋涵据吴曾《能改斋漫录》引苻子所载燕昭王命水官浮大豕而量之，谓其事已在前（见梁章钜《〈三国志〉旁证》一四）。然皆未得其出处也。考北魏吉迦夜共昙曜译《杂宝藏经》一《弃老国缘》云：

> 天神又问："此大白象有几斤？"而群臣共议，无能知者。亦募国内，复不能知。大臣问父，父言："置象船上，着大池中，画水齐船，深浅几许，即以此船量石着中，水没齐画，则知斤两。"即以此智以答天神。

寅恪案：《杂宝藏经》虽为北魏时所译，然其书乃杂采诸经而成，故其所载诸国缘，多见于支那先后译出之佛典中。如卷八之《难陀王与那伽斯那共论缘》与《那先比丘问经》之关系，即其一例。因知卷一之《弃老国缘》亦当别有同一内容之经典译出在先。或虽经译出，而书籍亡逸，无可征考。或虽未译出，而此故事仅凭口述，亦得辗转流传至于中土，遂附会为仓舒之事，以见其智。但象为南方之兽，非曹氏境内所能有，不得不取其事与孙权贡献事混成一谈，以文饰之，此比较民俗文学之通例也。

又涵芬楼影印百衲本《三国志》二九《魏书二十九·华佗传》（可参《后汉书·列传》七十二下《华佗传》）略云：

> 华佗，字元化，一名旉。（裴注：古"敷"字与"尃"相似，写书者多不能别。寻佗字元化，其名宜为旉也。）晓养性之术，时人以为年且百岁，而貌有壮容。又精方药，其疗疾，合汤不过数种，煮熟便饮，语其节度，舍去辄愈。若病结积在内，针药所不能及，当须刳割者，便饮其麻沸散，须臾便如醉死，无所知，因破取。病若在肠中，便断肠湔洗，缝腹膏摩，四五日差，不痛，人亦不自寤，一月之间即平复矣。佗行道，见一人病咽塞，嗜食而不得下，家人车载欲往就医。佗闻其呻吟，驻车往视，语之曰："向来道边有卖饼家，蒜齑大酢，从取三升饮之，病自当去。"即如佗言，立吐蛇一枚，县车边，欲造佗。佗尚未还，疾者前入坐，见佗北壁县此蛇辈约以十数。又有一士大夫不快，佗云："君病深，当破腹取。然君寿亦不过十年，病不能杀君，忍病十岁，寿俱当尽，不足故自刳裂。"士大夫不耐痛痒，必欲除之。佗遂下手，所患寻差，十年竟死。广陵

> 太守陈登得病，胸中烦懑，面赤不食。佗脉之曰：“府君胃中有虫数升，欲成内疽，食腥物所为也。”即作汤二升，先服一升，斯须尽服之。食顷，吐出三升许虫，赤头皆动，半身是生鱼脍也，所苦便愈。太祖闻而召佗，佗常在左右。太祖苦头风，每发，心乱目眩，佗针鬲，随手而差。后太祖亲理，得病笃重，使佗专视。佗曰：“此近难济，恒事攻治，可延岁月。”佗久远家思归，因曰：“当得家书，方欲暂还耳。”到家，辞以妻病，数乞期不反。太祖累书呼，又敕郡县发遣。佗恃能，厌食事，犹不上道。太祖大怒，使人往检，若妻信病，赐小豆四十斛，宽假限日。若其虚诈，便收送之。于是传付许狱，考验首服。佗死后，太祖头风未除。太祖曰：“佗能愈此。小人养吾病，欲以自重。然吾不杀此子，亦终当不为我断此根原耳。”及后爱子仓舒病困，太祖叹曰：“吾悔杀华佗，令此儿强死也。”

杭大宗世骏《〈三国志〉补注》四引叶梦得《玉涧杂书》略云：

> 华佗固神医也。然范晔、陈寿记其治疾，皆言“若病结积在内，针药所不能及者”云云，此决无之理。人之所以为人者以形，而形之所以生者以气也。佗之药能使人醉无所觉，可以受其刳割，与能完养，使毁者复合，则吾所不能知。然腹背肠胃既以破裂断坏，则气何由含，安有如是而复生者乎？审佗能此，则凡受支解之刑者，皆可使生，王者亦无所复施矣。

是昔人固有疑其事者。夫华佗之为历史上真实人物，自不容不信。然断肠破腹，数日即差，揆以学术进化之史迹，当时恐难臻此。其有神话色彩，似无可疑。检天竺语“agada”乃药之义。旧译为“阿伽陀”或“阿羯陀”，为内典中所习见之语。“华”字古音，据瑞典人高本汉字典为$r^{w}a$，日本汉音亦读“华”为“か”。则“华佗”二字古音与“gada”适相应，其渻去“阿”字者，犹“阿罗汉”仅称“罗汉”之比。盖元化固华氏子，其本名为旉而非佗，当时民间比附印度神话故事，因称为“华佗”，实以“药神”目之。此《魏志》《后汉书》所记元化之字，所以与其一名之旉相应合之故也。

又考后汉安世高译《㮈女耆域因缘经》所载神医耆域诸奇术，如治拘睒弥长者子病，取利刀破肠，披肠结处。治迦罗越家女病，以金刀披破其头，悉出诸虫，封着瓮中，以三种神膏涂疮，七日便愈，乃出虫示之，女见，大惊怖。及治迦罗越家男儿肝反戾向后病，以金刀破腹，还肝向前，以三种神膏涂之，三日便愈。其断肠破腹固与元化事不异，而元化壁县病者所吐之蛇以十数，及治陈登疾，令吐出赤头虫三升许，亦与耆域之治迦罗越家女病事不无类似之处（可参裴注引佗别传中，佗治刘勋女膝疮事）。至元化为魏武疗疾致死，耆域亦以医暴君病，几为所杀，赖佛成神，仅而得免。则其遭际符合，尤不能令人无因袭之疑。（敦煌本勾道兴《搜神记》载华佗事有：“汉末开肠，洗五藏，劈脑出虫，乃为魏武帝所杀”之语，与《㮈女耆域因缘经》所记尤相似。）然此尚为外来之神话，附益于本国之史实也。若慧皎《高僧传》之耆域，则于晋惠帝之末年，经扶南交广襄阳至于洛阳，复取道流沙而返天竺（见《高僧传》九）。然据《㮈女耆域因缘》等佛典，则耆域为佛同时人，若其来游中土，亦当在春秋之世，而非典午之时，斯盖直取外国神话之人物，不经比附事实或变易名字之程序，而竟以为本国历史之人物，则较《华佗传》所记，更有不同矣。

寅恪尝谓外来之故事名词，比附于本国人物事实，有似通天老狐，醉则见尾。如袁宏《竹林名士传》、戴逵《竹林七贤论》、孙盛《魏氏春秋》、臧荣绪《晋书》及唐修《晋书》等，所载嵇康等七人，固皆支那历史上之人物也。独七贤所游之“竹林”，则为假托佛教名词，即“Velu”或“Veluvana”之译语，乃释迦牟尼说法处，历代所译经典皆有记载，而法显（见《佛国记》）、玄奘（见《西域记》九）所亲历之地。此因名词之沿袭，而推知事实之依托，亦审查史料真伪之一例也。（闻日本学者有论此事之著作，寅恪未见。）总而言之，《三国志》曹冲、华佗二传，皆有佛教故事，辗转因袭，杂糅附会于其间，然巨象非中原当日之兽，华佗为五天外国之音，其变迁之迹象犹未尽亡，故得赖之以推寻史料之源本。夫《三国志》之成书，上距佛教入中土之时，犹不甚久，而印度神话传播已若是之广，社会所受之影响已若是之深，遂致以承祚之精识，犹不能别择真伪，而并笔之于书。则又治史者所当注意之事，固不独与此二传之考证有关而已也。

（原载一九三〇年六月《清华学报》第六卷第一期）

赠蒋秉南序

清光绪之季年，寅恪家居白下，一日偶检架上旧书，见有《易堂九子集》，取而读之，不甚喜其文，唯深羡其事。以为魏丘诸子值明清嬗蜕之际，犹能兄弟戚友保聚一地，相与从容讲文论学于乾撼坤岌之际，不谓为天下之至乐大幸不可也。当读是集时，朝野尚称苟安，寅恪独怀辛有、索靖之忧，果未及十稔，神州沸腾，寰宇纷扰。寅恪亦以求学之故，奔走东西洋数万里，终无所成。凡历数十年，遭逢世界大战者二，内战更不胜计。其后失明膑足，栖身岭表，已奄奄垂死，将就木矣。默念平生固未尝侮食自矜，曲学阿世，似可告慰友朋。至若追踪昔贤，幽居疏属之南，汾水之曲，守先哲之遗范，托末契于后生者，则有如方丈、蓬莱，渺不可即，徒寄之梦寐，存乎遐想而已。呜呼！此岂寅恪少时所自待及异日他人所望于寅恪者哉？虽然，欧阳永叔少学韩昌黎之文，晚撰《五代史记》，作《义儿》《冯道》诸传，贬斥势利，尊崇气节，遂一匡五代之浇漓，返之淳正。故天水一朝之文化，竟为我民族遗留之瑰宝。孰谓空文于治道学术无裨益耶？蒋子秉南远来问疾，聊师古人朋友赠言之意，草此奉贻，庶可共相策勉云尔。

甲辰夏五七十五叟陈寅恪书于广州金明馆

附　寒柳堂记梦未定稿（增补）

蒋　本

按：《寒柳堂记梦未定稿》原共七章，一九六五年夏至一九六六年春间所写，为先师最后之作。曾由助教黄萱缮写誊清稿两份，大都在混乱中佚失，迄今仅存零星残稿，计：《弁言》，全。（一）《吾家先世中医之学》，全。（二）《清季士大夫清流浊流之分野及其兴替》，仅存本章之前半部。（六）《戊戌政变与先祖先君之关系》，全；所缺引文亦补齐。晚年心血所寄，仅存残稿如许，不其痛欤！兹将残文并全文目录，附印于《寒柳堂集》之末。又，《吾家先世中医之学》，及《清季士大夫清流浊流之分野及其兴替》、《戊戌政变与先祖先君之关系》三部分，所用均系初稿，无可校。将来如能发现全稿，将另印单册附后。

一九七九年十二月及门蒋天枢识

新　稿　本

谨按：《寒柳堂记梦未定稿》在蒋天枢教授编定之先师遗著《寒柳堂集》(《陈寅恪文集》之一，上海古籍出版社一九八〇年版)附录中已发表一部分，计共四篇(见上海古籍版《寒柳堂集》一六三至一八二页，以下简称"蒋本")。前有蒋先生于一九七九年十二月所写按语，略云：

> 《寒柳堂记梦未定稿》原共七章，一九六五年夏至一九六六年春间所写，为先师最后之作。曾由助教黄萱缮写誊清稿两份，大都在混乱中佚失，迄今仅存零星残稿，计：《弁言》，全。(一)《吾家先世中医之学》，全。(二)《清季士大夫清流浊流之分野及其兴替》，仅存本章之前半部。(六)《戊戌政变与先祖先君之关系》，全；所缺引文亦补齐。(中略)兹将残文并全文目录，附印于《寒柳堂集》之末。

在按语后之全文目录中，其(三)《孝钦后最恶清流》；(四)《吾家与丰润之关系》；(五)《自光绪十年三月至二十年十一月间清室中央政治之腐败》及(七)《关于寅恪之婚姻》四篇，皆注云"佚"。一九八七年，先师哲嗣陈美延师妹从中山大学落实政策办公室收回在"文革"初期被强索去的《寒柳堂记梦未定稿》之另一稿本(以下简称"新稿本")，其内容较"蒋本"所收之残稿颇有增益，约达七千余字；而将"蒋本"中有关黄秋岳《花随人圣庵摭忆》之记述全部删去，亦近千字，末署"一九六六年六月二十三日端午寅恪书于广州康乐中山大学东南区一号楼上，时年七十六"。则此"新稿本"之最后修订以成今日所存之形式，自当在“蒋本”之后。

此两本之目录及篇章编号，彼此不甚一致。“蒋本”目录中共有八篇，以《弁言》为篇首，不编号，下分七章，其篇目及编号见本书二〇一页。“新稿本”之目录则共为七篇，以《弁言》为第（一）篇；“蒋本”（一）（二）（三）章之篇目在“新稿本”中则为（二）（三）（四），而“蒋本”中之（四）《吾家与丰润之关系》则不见于“新稿本”。于是此以下之（五）（六）（七）三章，两本又全同。据美延师妹不久前（今年八月十日及十九日）来函，及黄萱先生八月十八日函所云，先师此遗稿之定本（当时由黄萱先生用方格稿纸誊清抄正者）目录与“蒋本”同，“新稿本”之目录则为先师母之手迹，为后来改定原目后所另写者，疑此“新稿本”系“文革”初期，于“造反派”限期迫交情况下，曾经先师匆促删节，抽出第（二）章《清季士大夫清流浊流之分野及其兴替》中颇大一部分（与黄秋岳所记述史事有关者）删除之；更将第（四）章《吾家与丰润之关系》及第（五）章《自光绪十年三月至二十年十一月间清室中央政治之腐败》全部删去，而保留第（五）章之篇名，却将第（四）章之后半划与第（五）章，以足七章之数，借以应付“造反派”之检查，而免生枝节也。或于交出后，复又失去若干内容。盖此“新稿本”收回时，已被人与其他四篇文章合订为一册，而此合订本中其他各篇均保持查抄时原装钉，惟独此“新稿本”则为拆除原装钉线重新组装者。关于内容，上述黄萱先生函云：

> 该稿共七章，已完全写就，并令我誊清一份。其后再经修改或删去，均由师母手笔写成，我未曾再见过。（中略）现存的稿子，我认为是初稿，因为我记得当时陈师的初稿都是用很粗的

直行纸录下来的，而誊清稿则用方格的稿纸抄。因删掉第(四)章《吾家与丰润之关系》一篇及引用黄秋岳书的引文，第(四)章及第(五)章界限好像分不清，与原本不一样。

据此，并认真对照两本异同之后，仅依以下原则及方法进行整理：

一、原则：

甲、以“蒋本”为基础，“蒋本”原有，而为“新稿本”所删改者，全依“蒋本”保留之，盖“新稿本”所删，主要为引用黄秋岳书中搜集之史料与评述，以及先师对之所作的某些驳议。其全被删去，乃迫于当时之不正常环境，非出先师本意。黄萱先生函中亦云：“陈师对于黄秋岳的《摭忆》备极赞赏，他说：‘秋岳虽坐汉奸罪死，不当以人废言。’”系属实情，适忆于一九四七至一九四八年间从先师习作中国近代史方面学位论文时，先师即有此论，并云：“为弄清史事真相，什么材料都可用，只看你会不会用。”“假中有真，真中掺假之史料，随处都有，要在善于鉴别。”

乙、凡两本同有的内容，不再照录原文，以免与已出版之“蒋本”重复；只以“新稿本”校订“蒋本”之误字、漏字，作校勘记。

丙、“新稿本”有而“蒋本”无者，在核实存真，保持先师本意，复原在不正常情况下被迫删改之文字后，全文照录，补入之。

二、各篇章之整理办法：

甲、目录及各篇章之标号概依“蒋本”，尤其在已确知全文八篇七章皆已完成而又缺佚，“新稿本”在不正常情况下删改篇目以应付困难环境的情况后，更应如此。

乙、《弁言》及(一)《吾家先世中医之学》二篇，两本内容一致，不再引录原文，只作校勘记。

丙、(二)《清季士大夫清流浊流之分野及其兴替》一章，“蒋本”按语云：“仅存前半部。”而于此篇之末又有按语云：“此章残稿系从另一册初稿中录出。此章未完，以下缺。”据此可知，“蒋本”所据实有二源。黄萱先生估计：“(前略)此残稿有可能是现存稿件(适按：指“新稿本”)中删下来的一部分。”“新稿本”于此章后半部有千余字的记载为“蒋本”所无，而前半部亦较“蒋本”增百余字。今将引录“蒋本”所无部分，其“蒋本”已有者，不再录原文，只以“新稿本”校订之，写出校勘记。

丁、“蒋本”目录之(三)《孝钦后最恶清流》(“新稿本”在“孝钦后”前多“前清”二字)约四千余字(亦仍有缺佚，考见后文)，与(七)《关于寅恪之婚姻》六百余字皆为“蒋本”所全缺。今将全文引录以增补之。

戊、“蒋本”目录之(四)《吾家与丰润之关系》已佚。“新稿本”无此，今仍缺佚。

己、两本之(五)《自光绪十年三月至二十年十一月间清室中央政治之腐败》一章，“蒋本”有目无文，注“佚”。“新稿本”则于(四)《前清孝钦后最恶清流》篇中插入此第(五)篇之标题，而又有漏字、倒文，标题位置也不在分段落处，而且是添置于首行之外，标题后之内容又与标题所应包含之范围大不相称；字迹亦异，而且潦草，显系后加。似是被迫交出前已抽去，而仓促于第(四)章中插入第(五)章之标题，以资弥缝，借以应付查询者。故此条标题之插入第(四)章者，应删，而于目录中注明“佚”。

庚、两本之(六)《戊戌政变与先祖先君之关系》一章，“蒋本”按语云：“全，所缺引文亦补齐。”今对照“新稿本”，又可增七百余字，主要集中于两处，现予引录，以补“蒋本”所缺。

至引文，先师如称“略云”，必是节引，且一般不加略号。“蒋本”视为缺引之文，而予补齐，自亦无妨，今皆保留，不予回删。今以“新稿本”中引文与“蒋本”对校，可知“新稿本”所略而为“蒋本”所“补齐”之引文，共达一千一百余字，但“新稿本”有，而为“蒋本”所缺漏之引文，亦仍有六十余字，谨皆补入。

总之，据美延师妹见告，此“新稿本”曾于“文革”初期非正常情况下被迫交与“造反派”群众组织，以后辗转入于中山大学历史系，终于在二十年后，始重归家属手中。嘱为整理，以待他日问世之机缘，此自受业义所当为。经仔细对校两本异同，以及先师当时处境，慎重考虑，力求符合先师本意，于背景已明之后，敬谨拟定整理之原则与办法如上。凡已见于“蒋本”者，此皆略，其以“新稿本”增补或订正“蒋本”者，皆照录，并注明在“蒋本”中的前后文衔接字句。

根据上述之认识与想法，谨仍以先师昔日所手定、为“蒋本”所遵用之“寒柳堂记梦未定稿”为标题，而于后加一“(补)”字，以示与“蒋本”之间的连续性。其仍缺佚部分，只得暂置，以俟来日。

一九九〇年八月及门刘适(石泉)谨识

编者按：新稿本校勘增补文字均已入蒋本。

目录

（系原稿本目录）

蒋　本

弁　言

（一）吾家先世中医之学

（二）清季士大夫清流浊流之分野及其兴替

（三）孝钦后最恶清流（佚）

（四）吾家与丰润之关系（佚）

（五）自光绪十年三月至二十年十一月间清室中央政治之腐败（佚）

（六）戊戌政变与先祖先君之关系

（七）关于寅恪之婚姻（佚）

新　稿　本

弁　言(校勘记)

(一) 吾家先世中医之学(校勘记)

(二) 清季士大夫清流浊流之分野及其兴替(部分增补及校勘记)

(三) 孝钦后最恶清流(全文增补)

(四) 吾家与丰润之关系(佚)

(五) 自光绪十年三月至二十年十一月间清室中央政治之腐败(佚)

(六) 戊戌政变与先祖先君之关系(局部增补及校勘记)

(七) 关于寅恪之婚姻(全文增补)

弁　言

东坡诗云："事如春梦了无痕。"但又云："九重新扫旧巢痕。"夫九重之旧巢亦梦也。旧巢之旧痕既可扫，则寅恪三世及本身旧事之梦痕，岂可不记耶？

昔年康更生先生（有为）百岁纪念，因感吾家与戊戌政变事，曾为赋一律云：

> 此日欣能献一尊，百年世事不须论。看天北斗惊新象，记梦东京惜旧痕。元祐党家犹有种，江潭骚客已无魂。玉谿满贮伤春泪，未肯明流且暗吞。

今岁又赋《题红梅图》一律，图为寅恪与内子唐莹结缡时曾农髯丈（熙）所绘赠，迄今将四十载矣。其诗云：

> 镜台画幅至今存，偕老浑忘岁序奔。红烛高烧光并照，绿云低覆悄无言。栽花几换湖山面，度曲能留月夜魂。珍重玳岷香茜影，他生同认旧巢痕。

然则梦痕不仅可记，其中复有可惜者存焉。复次，寅恪童时读庾信《哀江南赋序》云：

> 昔桓君山之志事，杜元凯之平生，并有著书，咸能自序。潘岳之文采，始述家风；陆机之辞赋，先陈世德。信年始二毛，即逢丧乱。藐是流离，至于暮齿。

深有感于其言。后稍长，偶读宋贤《涑水记闻》及《老学庵笔记》二书，遂欲取为模楷，从事著述。今既届暮齿，若不于此时成之，则恐无及。因就咸、同、光、宣以来之朝局，与寒家先世直接或间接有关者，证诸史料，参以平生耳目见闻，以阐明之。并附载文艺琐事，以供谈助。庶几不贤者识小之义，既不诬前人，亦免误来者。知我罪我，任之而已。

其所以取君实之书，以为模楷者，盖《四库全书总目提要》一四〇“《涑水记闻》”条略云：

> 宋司马光撰。是编杂录宋代旧事，起于太祖，讫于神宗。每条皆注其述说之人，故曰记闻。或如张咏请斩丁谓之类，偶忘名姓者，则注曰：“不记所传。”明其他皆有证验也。

此文所记，皆有证验，窃比于温公是书也。

其所以取务观之书以为模楷者，盖陈振孙《直斋书录解题》一一“《老学庵笔记》”条云：

> 陆游务观撰，生识前辈，年登耄期，所记见闻殊可观也。

与寅恪之家世及草此文之时日颇亦相合。故不揣浅陋，借作模楷也。然复有可论者，据李慈铭《桃华圣解庵日记》辛集二云：

> 放翁此书，在南宋时足与《猗觉寮杂记》《曲洧旧闻》《梁谿漫志》《宾退录》诸书并称。其杂述掌故，间考旧文，俱为谨严。所论时事人物，亦多平允。《〔四库〕提要》讥其以其祖左丞之故于王氏及《字说》俱无贬辞，不免曲笔。今考其书，于荆公亦无甚称述。如云轻沈文通，以为寡学。诮郑毅夫不识字。又不乐滕元发，目为滕屠郑酤，及裁减宗室恩数诸条，俱不署断语，而言外似有未满意。惟一条云：“先左丞言荆公有《诗正义》一部，朝夕不离手，字大半不可辨。世谓荆公忽先儒之说，盖不然也。”则荆公本深于经学，所记自非妄说。其言《字说》，

亦只一条云："《字说》盛行时，有唐博士耜、韩博士兼皆作《字说解》数十卷。太学诸生作《字说音训》十卷。刘全美作一卷，《字说备检》一卷。又以类相从为《字会》二十卷。"以及故相吴元中，门下侍郎薛肇明等诗文之用《字说》，而未尝加论断，至所举"十目视隐为直"则本《说文》义也。其论诗数十条，亦多可观。剑南于此事本深，尤其谈言微中。

由此言之，放翁之祖陆农师（佃），为王荆公门人（见《宋史》三四三《陆佃传》），后又名列元祐党籍（见王昶《金石萃编》一四四《元祐奸党碑》）。是放翁之家世，与临川涑水两党俱有关联。其论两党之得失最为公允。清代季年，士大夫实有清流浊流之分。寅恪本人或以世交之谊，或以姻娅之亲，于此清浊两党，皆有关联，故能通知两党之情状并其所以分合错综之原委。因草此文，排除恩怨毁誉，务求一持平之论断。他日读者倘能详考而审察之，当信鄙言之非谬也。

抑更有可附言者，寅恪幼时读《中庸》至"衣锦尚䌹，恶其文之著也"一节，即铭刻于胸臆。父执姻亲多为当时胜流，但不敢冒昧谒见。偶以机缘，得接其丰采，聆其言论，默而识之，但终有限度。今日追思，殊可惜矣。至寒家在清季数十年间，与朝野各方多所关涉，亦别有其故。先祖仅中乙科，以家贫养亲，不得已而就末职。其仕清朝，不甚通显，中更挫跌，罢废八稔。年过六十，始得巡抚湖南小省。在位不逾三载，竟获严谴。先君虽中甲科，不数月即告终养。戊戌政变，一并革职。后虽复原官，迄清之末，未尝一出。然以吏能廉洁及气节文章，颇负重名于当代。清季各省初设提学使，先君挚友乔茂萱丈树枏为学部尚书荣庆所信任，故拟定先君为湖南提学使。是时熊秉三丈希龄适在京师，闻其事，即告当局谓先君必不受职。遂改授其时湖南学政吴子修丈庆坻。

又清帝逊位后，陈公宝琛任师傅，欲引先君相佐，先君辞以不能操京语。陈公遂改荐朱艾卿丈〔益藩〕。朱丈亦陈公光绪八年壬午主赣省乡试所取士，与先君为齐年生也。

寅恪以家世之故，稍稍得识数十年间兴废盛衰之关键。今日述之，可谓家史而兼信史欤?

（一）吾家先世中医之学

吾家素寒贱，先祖始入邑庠，故寅恪非姚逃虚所谓读书种子者。先曾祖以医术知名于乡村间，先祖先君遂亦通医学，为人疗病。寅恪少时亦尝浏览吾国医学古籍，知中医之理论方药颇有由外域传入者。然不信中医，以为中医有见效之药，无可通之理。若格于时代及地区，不得已而用之则可。若矜夸以为国粹，驾于外国医学之上，则昧于吾国医学之历史，殆可谓数典忘祖欤?曾撰《三国志中印度故事》、《崔浩与寇谦之》及《元白诗笺证稿·第五章·法曲篇》等文，略申鄙见，兹不赘论。《小戴记·曲礼》曰："医不三世，不服其药。"先曾祖至先君，实为三世。然则寅恪不敢以中医治人病，岂不异哉?孟子曰："君子之泽，五世而斩。"长女流求虽业医，但所学者为西医。是孟子之言信矣。郭筠仙嵩焘《养知书屋文集》二一《陈府君墓碑铭》略云：

> 陈琢如先生讳伟琳。祖鲲池由闽迁江西之义宁州，再传而生先生。考克绳，生子四人，先生其季也。先生以太淑人体羸多病，究心医家言，穷极《灵枢》《素问》之精蕴，遂以能医名。病者踵门求治，望色切脉，施诊无倦。配李淑人。子三人：树年，某官；观瑞，殇；宝箴，〔咸丰〕辛亥举人。

《翁文恭公日记》“光绪二十一年乙未正月二十日”条云：

> 晚访陈右铭，未见。灯后右铭来辞行，长谈。为余诊云：“肝旺而虚，命、肾皆不足。牛精汁、白术皆补脾要药，可常服。”（自注：“脉以表上十五杪得十九至，为平。余脉十八至，故知是虚。”）

据此，中医之学乃吾家学，今转不信之，世所称不肖之子孙，岂寅恪之谓耶？

寅恪少时多病，大抵服用先祖先君所处方药。自光绪二十六年庚子移家江宁，始得延西医治病。自后吾家渐不用中医。盖时势使然也。犹忆光绪二十一年乙未，先祖擢任直隶布政使，先君侍先祖母留寓武昌，［先祖母事迹见马通伯丈（其昶）所撰《陈母黄夫人墓志铭》。］一日忽见佣工携鱼翅一榼、酒一瓮并一纸封，启先祖母曰：“此礼物皆谭抚台所赠者。纸封内有银票五百两，请查收。”先祖母曰：“银票万不敢受，鱼翅与酒可以敬领也。”佣工从命而去。谭抚台者，谭复生嗣同丈之父继洵，时任湖北巡抚。曾患疾甚剧，服用先祖所处方药，病遂痊愈。谭公夙知吾家境不丰，先祖又远任保定，恐有必需，特馈以重金。寅恪侍先祖母侧，时方五六岁，颇讶为人治病，尚得如此酬报。在童稚心中，固为前所未知，遂至今不忘也。

又光绪二十五年己亥，先祖寓南昌，一日诸孙侍侧，闲话旧事。略言昔年自京师返义宁乡居，先曾祖母告之曰："前患咳嗽，适门外有以人参求售者，购服之即痊。"先祖诧曰："吾家素贫，人参价贵，售者肯以贱价出卖，此必非真人参，乃荠苨也。"盖荠苨似人参，而能治咳嗽之病。《本草》所载甚明（见《本草纲目》一二"荠苨"条），特世人未尝注意及之耳。寅恪自是始知有《本草》之书，时先母多卧疾，案头常置《本草纲目》节本一部，取便翻阅。寅恪即检荠苨一药，果与先祖之言符应。是后见有旧刻医药诸书，皆略加披阅，但一知半解，不以此等书中所言者为人处方治病，唯借作考证古史之资料，如论胡臭与狐臭一文，即是其例也。

（二）清季士大夫清流浊流之分野及其兴替

清代同光朝士大夫有清流、浊流之分，恽薇生毓鼎《崇陵传信录》已略论之。黄秋岳濬《花随人圣盦（适按：同"庵"字）摭忆》言之更详。兹先录薇生之书于下，其文云：

> 光绪初年，两宫励精图治，弥重视言路。会俄人逾盟，盈廷论和战。惠陵大礼议起，一时棱棱具风骨者，咸有以自见，吴县潘祖荫、宗室宝廷、南皮张之洞、丰润张佩纶、瑞安黄体芳、闽县陈宝琛、吴桥刘恩溥、镇平邓承修，尤激昂喜言事，号曰

清流，而高阳李文正公(鸿藻)当国，实为之魁。

黄氏书所论迄于光绪中晚，此后，即光绪之末至清之亡，则未述及。其实光绪之末至清之亡，士大夫仍继续有清浊之别，请依次论之。秋岳之文本分载于当时南京《中央日报》，是时寅恪居北平，教授清华大学，故未得见。及卢沟桥事变，北平沦陷，寅恪随校南迁长沙昆明，后又以病暂寓香港，讲学香港大学。至太平洋战起，乃由香港至桂林、成都。日本投降，复远游伦敦，取道巴拿马运河归国，重返清华园。始得读秋岳之书，深赏其旸台山看杏花诗“绝艳似怜前度意，繁枝留待后来人”之句，感赋一律云：

当年闻祸费疑猜，今日开编惜此才。世乱佳人还作贼，劫终残帙幸余灰。荒山久绝前游盛，断句犹牵后死哀。见说旸台花又发，诗魂应悔不多来。

秋岳坐汉奸罪死，世人皆曰可杀。然今日取其书观之，则援引广博，论断精确，近来谈清代掌故诸著作中，实称上品，未可以人废言也。

兹先节录黄氏书与此问题有关之数则，然后再续述黄氏所未言及者。至黄氏所论间有舛误，或有待说明，则亦略补正并解释之于下。

简要言之，自同治至光绪末年，京官以恭亲王奕䜣、李鸿藻、翁同龢、陈宝琛、张佩纶等，外官以沈葆桢、张之洞等为清流。京官以醇亲王奕譞、孙毓汶等，外官以李鸿章、张树声等为浊流。至光绪末迄清之亡，京官以瞿鸿禨，张之洞等，外官以陶模、岑春煊等为清流。京官以庆亲王奕劻、袁世凯、徐世昌等，外官以周馥、杨士骧等为浊流。但其间关系错综复杂，先后互易，亦难分划整齐，此仅言其大概，读者不必过于拘泥也。黄氏之书(《花随人圣庵摭忆》)略云：

淮南彭孙贻客舍偶闻一帙，顺德李芍农侍郎(文田)注之。所记康熙初年满人互相挤轧之状，历历如绘。尝谓有清一代，开国时满大臣互相挤轧，而汉大臣新进，兢兢业业，奉公守法，康、乾诸主辄利用之，以成大业。及晚清同、光以来，则汉大臣互相龉龁，而满大臣骄奢宴乐，骙不知事，宫闱亦相厄，以速其亡。盖宦途未有不相挤者，特视为何如人。愚者譬如担夫争道，智者则击毂偾车矣。试以晚清言，曾文正见扼于祁文端，微肃顺左右之，几不能成功，是一例。曾氏兄弟与左文襄、沈文肃交恶，虽无大影响，亦是一例。光绪初叶，帝后两党交哄，而李高阳与翁常熟交恶，其终也，促成中日甲午之战，所关于国运者甚大。当时高阳、常熟阴相厄，而合肥李文忠居外，其时有言文忠有异心者，旨令常熟密查，覆奏李鸿章心实无他，事见宋芸子诗自注。其后翁力主战，李欲格之，不能。不可战而战，所失倍甚。(页五十五)

黄书又云：

前所采拔可先生尊人次玉先生在南皮两江督幕中，录藏光绪甲午、乙未间中东战役诸电。册后尚录其时散原老人自武昌致南皮一电，以《马关和约》签订，请吁奏诛合肥以谢天下，此电南皮未作覆。当时士论沸腾，主此说至多，散原老人今年八十三，是时年裁四十一，与丁叔雅(慧康)、谭复生(嗣同)、吴彦复（保初）号四公子，风采踔发，物望所归。故其时右铭先生虽开府直隶，而散老忠愤所迫，不遑顾虑，辄敢以危言劾南皮也。予初未审散老此电命意，近读《散原精舍文存》，自为其尊人《右铭先生行状》，有云："其时李鸿章自日本使还，留天津，群谓且复总督任。府君愤不往见，曰：'李公朝抵任，吾夕挂冠去矣。'人或为李公解，府君曰：'勋旧大臣如李公，首当其难，极知不堪战，当投阙沥血自陈，争以死生去就，如是，十可七八回圣听。今猥塞责望谤议，举中国之大，宗社之重，悬孤注，戏付一掷，大臣均休戚，所自处宁有是耶？其世所蔽罪李公，吾盖未暇为李公罪矣。'卒不往。"得此一段，不啻兼为散老电下一注解。盖义宁父子对合肥之责难，不在于不当和而和，而在于不当战而战。以合肥之地位，于国力军力知之綦审，明烛其不堪一战，而上迫于毒后之淫威，下劫于书生贪功之高调，忍以国家为孤注，用塞群昏之口，不能以死生争。义宁之责，虽今起合肥于九京，亦无以自解也。信由斯说，则散原当日之愤激自在意中，固卓然可存。原电云："读铣电愈出愈奇，国无可为矣，犹欲明公联合各督抚数人，力请先诛合肥，再图补救，以伸中国之愤，以尽一日之心，局外哀鸣，伏维赐察。三立。"按散老此电，乙未五月十七日由武昌发，戌刻至江宁者。（页二一四）

吴渔川（永）《庚子西狩丛谈》四略云：

公自北洋罢任（寅恪案："公"指李鸿章），以总理各国事务大臣，久居散地，终岁僦居贤良寺。翁常熟当国，尤百计龁龁之。公益不喜接客，来者十九报谢，因而门户亦甚冷落。公意殆不能无郁郁。尝自谓：“予少年科第，壮年戎马，中年封疆，晚年洋务，一路扶摇，遭遇不为不幸。自问亦未有何等陨越。乃何端发生中日交涉，至一生事业扫地无余！如欧阳公所言，半生名节被后生辈描画都尽。环境所迫，无可如何。”又曰：“我办了一辈子的事，练兵也，海军也，都是纸糊的老虎，何尝能实在放手办理？不过勉强涂饰，虚有其表；不揭破，就可敷衍一时。如一间破屋，由裱糊匠东补西贴，居然成一净室。虽明知为纸片糊裱，然究竟决不定里面是何等材料。即有小小风雨，打成几个窟窿，随时补葺，亦可支吾对付。乃必欲爽手扯破，又未预备何种修葺材料，何种改造方式，自然真相破露，不可收拾。但裱糊匠又何术行能负其责？”

寅恪案：渔川之书可与秋岳之论相印证，但秋岳之论仍有未尽。盖当《马关和约》成后，凡爱国之人、有是非之心者，无不反对，与先君之“风采踔发、物望所归”无关。况先君挚友、姻亲中梁星海丈（鼎芬）则以劾合肥罢职，文芸阁丈（廷式）则在京为主战派之重要人物，并是力攻合肥之人。易实甫丈（顺鼎）及先舅父俞恪士（明震）则皆在台湾，助台独立者。盖其时爱国之人认为政府虽已割台，而人民犹可不奉旨，如后来庚子岁东南诸督抚不遵朝命杀害外侨之比。复次，先祖抚湘，多用湘人办湘事。当时，先君友人中有欲侧身矿务局，不能如愿，遂怀怨望者。光绪二十五年中，先祖、先君罢职后，归寓南昌磨子巷。忽接一函，收信人为“前湘抚陈”。寄信人不书姓名，唯作“湘垣缄”。字体工整。启视之，则为《维新梦》

章回体小说之题目一纸，别附七绝数首。其中一段后二句云：“翩翩浊世佳公子，不学平原学太原。”乃用《史记·平原君传》及新、旧《唐书·太宗纪》。先母俞麟洲明诗夫人览之，笑曰：“此二句却佳。”当戊戌时，湘人反对新政者谣诼百端，谓先祖将起兵，以烧贡院为号，自称湘南王。寓南昌时，后有人遗先君以刘伯温《烧饼歌》钞本一册，以其中有“中有异人自楚归”句，及“六一人不识，山水倒相逢”，暗藏“三立”二字语。

综合此数事，附录于此，以资谈助。

《散原精舍诗》上《得叔懈安庆邮书称吴挚父京卿殁于桐城里居次前韵哭之并寄叔懈》云：

> 耽吟酬句无朝暮，指点江城角雨雄。那料和鸣一鸟去，直教行哭九夷同。文章后世卿云显，师友当前孔老通。活国新编犹照眼，瞳眬争睹日生东。

寅恪谨按：江丈瀚字叔懈，时居安霉县聂仲芳巡抚（缉规）幕中，故先得桐城逝世之讯。桐城时受任京师大学堂总教习，尚未赴任也。活国新编者，指桐城东游日本、考察教育后，所撰之《东游丛录》一书而言。今附录先君此诗，以见吾家与吴桐城固有文章气类之雅也。

（三）孝钦后最恶清流（补文）

此篇为“蒋本”所缺，今据“新稿本”补入。由于本篇中被插入第（五）章之标题，因而涉及是否本篇补文中有一部分或大部分内容应属于第（五）章，即自“光绪十年三月至二十年十一月间清室中央政治之腐败”一篇的问题，对此，将于补文后面的校勘记中，作出具体的考释、鉴定。

照录补文：

清咸丰之季年，太平天国及其同盟军纵横于江淮区域。英法联军攻陷北京，文宗走避热河，实与元末庚申帝之情事相类。然以国内外错综复杂之因素，清室遂得苟延其将断之国祚者五十年。凡此五十年间政治中心，则在文宗孝钦显皇后那拉氏一人。（寅恪十余岁时，曾见日本人所著书言后小名阿翠。曾朴《孽海花》亦有是说，但无从证实，姑附记于此。）故述清代同、光两朝及宣统朝之史者，必以那拉后为主要之题材，自无待论也。综观那拉后一生之行事，约有数端：一、为把持政权，不以侄嗣穆宗，而以弟承大统。后取本身之侄女强配德宗，酿成后来戊戌、庚子之事变。二、为重用出自湘军系统之淮军，以牵制湘军，遂启北洋军阀之一派，涂炭生灵者二十年。三、为违反祖制，信任阉宦，遂令晚清政治腐败更甚。四、为纵情娱乐，修筑园囿，移用海军经费，致有甲午之败。五、为分化汉人，复就汉人清、浊两派中，扬浊抑清，而以满人荣禄掌握兵权。后来摄政王载沣承其故智，变本加厉，终激起汉人排满复仇之观念。陈石遗丈（衍）《石遗室诗话》七有一节，颇可与第五点相印证，兹录之于下。其文云：

清末重用满人，以谋中央集权。举军机处、海陆军、财政、外交诸重任，均以皇宗亲贵掌之。时事既日非，言官中若赵启霖、江春霖、胡思敬、赵熙、陈田数人，皆直言极谏，先后罢斥引退，相继去。方庆王奕劻将引其党某为军机大臣(寅恪案："某"指陈筱石文夔龙)，江春霖特疏纠参。疏上，逐回原衙门行走。春霖旋假归养母。都下赋者甚众，以陈弢庵七律后二联用事为最切，云"书壁会当思鲁直，裂麻竟不相延龄。陔余尚有酬恩地，勤与乡邻讲《孝经》"。时以某为军机大臣，亦罢论也。张(亨嘉)铁君云"白日黄鹿车击轵，东门出祖江御史。纤儿撞坏好家居，谁司言职吾当耻"。余云："四海争传真御史，九重命作老翰林。"盖未须下断语也。因忆靴东(寅恪案："靴东"，顺德罗敦曧之字)有送赵芷孙御史(启霖)句云："此后台中望江、赵(寅恪案：'江'指江杏村春霖，'赵'指赵尧生熙)，未应料理五湖船。"芷孙去时，漱唐未入台(寅恪案："漱唐"，胡思敬之字)，尚有江、赵。江去时，〔郑〕苏堪(孝胥)句云："台中阅道应无恙。"(寅恪案：宋赵谥字阅道，故海藏以之目香宋也。)则仅有赵矣。

寅恪案：同光时代士大夫之清流，大抵为少年科第，不谙地方实情及国际形势，务为高论。由今观之，其不当不实之处颇多。但其所言实中孝钦后之所忌，卒黜之、杀之而后已。若斯之类，其例颇多，不遑枚举。兹仅就黄秋岳书所论宝廷、张佩纶二人之始末，而加以补充纠正，亦可见一斑矣。总而言之，清流士大夫虽较清廉，然殊无才实。浊流之士大夫略具才实，然甚贪污。其中固有例外，但以此原则衡清季数十年人事世变，虽不中亦不远也。文芸阁丈(廷式)《纯常子枝语》九云：

以电奏归总理各国事务衙门代奏，而总署之权过于明之通政使矣。通政使之权止于压阁一二日，而总署则竟可不奏也。以兵事归总理衙门电寄，而总署之权过于明之本兵矣。明之本兵，不过制各军之进退，而总署之权，则兼其炮之放否、船之行否，而亦制之，且能与闻其饷事也。而且总署之用财，非户部所能知(原注："兼海军言")。总署之保案，非吏部所能核。紊职分，而败国家，究亦未得一真通交涉之才为可叹也。(原注："余甲午有一疏，请明职分，即指总署而言。")

《续碑传集》吴汝纶撰《文华殿大学士直隶总督赠太傅一等侯李文忠公墓志铭》略云：

〔公〕专力外事。在直隶最久，于外国政学、制法、兵备、财用、工商、艺业，无一不究讨，皆导国使猛进，与欧美强国竞盛。以财权不属，人才不兴，卒牵于异议，靳馈饵不予，使不能竟所施为。而西人顾交口称颂，谓为"东方俾士马克"。五洲万国妇孺皆知公姓名，中国因之益重云。公既尽心防御，顾持重不欲开兵衅。待遇外国客，能时其刚柔张弛，使来说者自失本谋。国家每与外国生隙，公辄用计谋消弭之。甲午日本操兵，师既败，朝廷命公往日本议和，遇刺不死，卒定和而还。未几，命公历聘欧美诸国。诸国人闻公威望久，所至礼遇逾等。公薨以二十七年九月二十七日，寿七十有九。公讳鸿章，字少荃，道光丁未翰林。祖以上皆不仕。父文安，进士，刑部郎中。

总署之权限既如上述，则合肥于光绪十年甲申对内对外之关系，可以下列几点解释之。

一、以慈禧之意旨为决定。见《李文忠公（鸿章）全集·朋僚函稿二十》，光绪十一年五月初五日"复岑彦卿（毓英）宫保"云：

> 此次议款之速，实因桂、滇各军溃退，越事已无可为。法提督调集兵船，欲攻夺台湾鸡笼煤矿，福州船厂，接济煤械，为持久索费计。正虑兵连祸结，中旨密令鄙人维持和局，乃敢冒不韪以成议等语。

二、要速和。见同书同卷，光绪十年六月初六日"复张樵野（荫桓）京卿"略云：

> 法事确定，不意又起波澜。马尾船厂危于累卵，幼樵屡电，尚盛称军威，亦不自量之甚矣。总之，和局翻一回，更坏一回。求如前约之粗疏，而不可矣。

三、缩小战争范围。见同书同卷，光绪九年十二月十二日"复翁叔平（同龢）宫保"云：

> 越事之兴，尚冀迎刃而解，息事宁人。今则局势屡更，彼此皆骑虎难下，自不得不坚持以待机会。若仅在越地鏖兵，利钝无甚关系。波及内地，则有各省强弱不齐，民穷财匮，实大可虞。幼樵英锐无比，叩以将来结局若何，固亦茫无把握。我公忧国如家，知必长虑却顾也。

四、北洋不能派兵援闽。见同书《电稿三》，光绪十一年六月初二日巳刻，"寄两广、闽浙督抚"云：

> 顷间，接总署来电：初一日奉旨："叠据何璟、张佩纶等电报，法全力注闽，已进八艘，请饬援应牵制等语。孤拔赴闽，有欲

据地为质之说，南北洋覆称无船可拨。惟闽防紧急，粤、浙相距较近，着彭玉麟、张树声、张之洞、倪文蔚、刘秉璋酌拨师船前往，设法援应牵制，钦此。”即转电闽浙粤等因。

及同书同卷，光绪十年六月十六日辰刻“寄闽防张（佩纶）会办”云：

现因旅顺西岭添筑土台，将威、镇海炮全移置，皆改运船。超〔勇〕、扬〔威〕冲船出入口内外，备与黄金山炮台夹击，万不能拨。非不爱公，非分畛域，谅之。

五、不可先开炮。见同书电稿二，光绪十年闰五月二十七日酉刻“寄会办闽防张（佩纶）学士”云：

二十八三点钟限期已满，法船必大进。领事言如不肯以船厂作押，我若拦阻，彼必开炮，则决裂；若不阻，彼亦不能先开炮，或尚可讲解。望相机办理，切勿躁急。公屯马尾非计。

综合上引材料观之，合肥自同治元年至光绪二十七年，凡历四十年，专办洋务，故外人竟以合肥为中国之代表，亦自有理由。夫淮军之兴起，本出于那拉后欲借此以分化牵制湘军，特加倚重。曾、左之虽亦不能不稍稍敷衍，然其亲密之程度，则湘军之元勋远不及淮军之主将。吾人今日平情论之，合肥之于外国情事，固略胜当时科举出身之清流，但终属一知半解，往往为外人所欺绐。即就法越一役言之，合肥若果能深通外情者，则中国应得较胜之结局也。至于合肥对丰润之关系，既以丰润为不知兵，（曾朴《孽海花》为合肥女菊耦伪作七律二首，其第二首第一联下句“杀敌书生纸上兵”即是此意。赵竺桓炳麟《柏岩感旧诗话》一竟认此诗真为合肥女所作，可笑也。）又不奏请免其守闽之责，唯诫以不先开炮，更不遣北洋军舰往援。迨马江战败，丰润因之戍边。是丰润无负于合肥，而合肥有负于丰润。宜乎合肥内心惭疚，而以爱女配之，岂即《三国志演义》所谓"赔了夫人又折兵"者耶？

光绪朝《东华录》"光绪十年八月辛丑"条略云：都察院代递翰林院编修潘炳年折称：（寅恪案，《清朝进士题名碑》：潘炳年，同治十年辛未科进士、翰林，福建长乐人。）

> 臣等于马江败后，迭接闽信，俱言张佩纶、何如璋闻警逃窜。兹恭读八月初一日谕旨，方审该大臣前后奏报种种虚捏，与臣等所接闽信判若歧异。张佩纶、何如璋甫闻炮声，即从船局后山潜逃。是日大雷雨，张佩纶先而奔，中途有亲兵曳之行。抵鼓山麓，乡人拒不纳，匿禅寺下院，距船厂二十余里。次日抵鼓山之彭田乡。适有廷寄到，督抚觅张佩纶不得，遣弁四探，报者赏钱一千，遂得之。何如璋奔快安施氏祠，乡人焚逐之，夤夜投洋行宿。晨入城，栖两广会馆。市人又逐之。后踉跄出就张佩纶于彭田乡。张佩纶恐敌踪迹及之，给何如璋出厂，自驻彭田乡累日。侦知敌出攻长门，将谋窜出，始回。此张佩纶、何如璋狼狈出奔之情形也。兵无主帅，饷无专责，议者固知闽事之必败也。所恃为长城而无恐者，以张佩纶平日侈谈兵事，际此中外战局伊始，身膺特简，临事必有把握。〔张佩纶〕到闽后，一味骄倨。督抚畏气焰，事之维谨，排日上谒，直如衙参，竟未筹及防务。至法船驶入马尾，仓促乃以入告。迨各将请战，又以奉旨禁勿先发为词。身为将帅，足未登于轮船，聚十一艘于马江，环以自卫。各轮船管驾叠陈连舰之非，张佩

纶斥之。白开战之信，张佩纶又斥之。事急而乞缓师于敌，如国体何？开炮而先狂窜，如军令何？中岐即马尾，彭田即鼓山后麓。张佩纶自讳其走，欲混为一，如地势迥隔何？敌攻马尾，张佩纶于是日始窜彭田，而冒称力守船厂，如不能掩人耳目何？且何如璋实匿战书，张佩纶与之同处，知耶？不知耶？臣等不能为张佩纶解也。臣闻张佩纶败匿彭田，以请旨逮问为词，实则置身事外，证以外间风闻，张佩纶所恃为奥援之人，私电函致，有"闽船可烬，闽厂可毁，丰润学士义不可死"之语。是则张佩纶早存不死之心，无怪乎调度乖谬于先，闻战脱逃于后，敢肆无忌惮如此也。何如璋实督船政，旦夕谋遁，弃厂擅走，已有罪矣。而谋匿战书，意尤叵测。后于六月一日将船政局存银二十六万，借名采办，私行兑粤，不告支应所员绅，而私交旗昌、汇丰各洋行。群议其盗国帑，言非无因。张佩纶夙以搏击为名，何如璋荒谬至此，事后并无一疏之劾，谓非狼狈相依、朋谋罔上，臣等所不敢信。若不严予惩办，何以谢死事二千余人？何以儆沿海七省之将帅？何以服唐炯、徐延旭之心？何以塞泰西揶揄之口？臣等既有所闻，理合据实公揭。谨绘图贴说，黏附呈进军机处，恭候御览。

清德宗《景皇帝实录》一九一"光绪十年甲申八月戊寅"条略云：

昨据编修潘炳年等奏张佩纶等偾事情形，请旨查办，复谕令左宗棠、杨昌濬秉公查办。兹又有人奏，马尾一役，诸臣讳败捏奏，滥保徇私，请将督抚治罪，并将方勋等保案撤销；何如璋故匿战书，私兑该局银两回粤；沈保靖、程起鹏朋谋营私，贪劣情形，请饬查参。各折片，着左宗棠、杨昌濬归入前次各折，一并查明具奏。如果似此捏报战状，徇私妄为，亟应严行惩儆。左宗棠等务当一秉大公，持平办理，不得偏徇。

光绪朝《东华录》“光绪十二月戊戌”条略云：

谕：前据都察院代递翰林院编修潘炳年奏，张佩纶等偾事情形，给事中万培因奏（寅恪案，《清朝进士题名碑》：“万培因，咸丰九年己未科进士，福建崇安人。”），张佩纶等讳败捏奏，滥保徇私，各一折。迭谕左宗棠、杨昌濬查办。兹据左宗棠等查明具奏，张佩纶尚无弃师潜逃情事，惟调度乖方，以致师船被毁。且该员于七月初一日接奉电寄谕旨令其备战，初二日何璟告以所闻，谓明日法人将乘大潮力攻马尾，该革员并不严行戒备。迨初二日败退，往来彭田、马尾之间，十五日始回船厂。其奏报失事情形，折内辄谓预饬各船管驾，有初三日法必妄动之语，掩饰取巧，厥咎尤重。张佩纶前因滥保徐延旭等，降旨革职。左宗棠等所拟请交部议处，殊觉事重罚轻，著从重发往军台效力赎罪。何如璋被参乘危盗帑，查无其事。惟以押运银两为词，竟行逃避赴省，所请革职免议之处，不足蔽辜，著从重发往军台效力赎罪。左宗棠、杨昌濬于奉旨交查要件，自应切实详查覆奏。乃所奏各情，语多含糊，于张佩纶等处分意存袒护开脱。军事是非功罪，关系极重。若失事之员罚办轻纵，何以慰死事者之心？左宗棠久资倚畀，夙负人望，何以蹈此恶习？著与杨昌濬均传旨申饬。

《清史稿》一四二《兵志七》“海军”条云：

福州船厂，同治五年创于闽浙总督左宗棠、船政大臣沈葆祯。闽县马尾江距省会四十里，海口六十里。福州船厂自造各兵舰。始建船厂，聘工师于法，延教员于英。

《清史稿》四五〇《张佩纶传》附何如璋传云：

何如璋，字子峩，籍广东大埔。同治七年进士，选庶吉士，授编修。以侍读出使日本，归授少詹事，出督船政。承〔李〕鸿章旨，狃和议。敌至，犹严谕各舰毋妄动。及败，借口押银出奔。所如勿纳，不得已，往就佩纶彭田乡。佩纶虑敌踪迹及之，绐如璋出。士论谓闽事之坏，佩纶为罪魁，如璋次之。如璋亦遣戍。后卒于家。

据清廷谕旨，丰润之得罪谴戍，(一)因保荐徐延旭、唐炯。(二)因兵事调度乖方，以致马江船厂残毁及驻闽船舰大部沉没。二罪相较，前者轻而后者重。故同保徐、唐之沧趣，其罪止于降调，丰润初亦不过革职。其后丰润与何如璋同被革戍边，则滥保匪人之罪轻，偾军之罪重，彰彰明甚。今观沧趣所撰《篑斋墓志铭》(见闵尔昌纂《录碑传集补》五陈宝琛撰《清故通议大夫四五品京堂张君墓志铭》)略云：

〔法国海军提督〕孤拔初谓船厂可唾手得，及见君有备，欲他驶。中旨则饬令勿出闽海，君累乞南北洋援船，弗应。而敌船益至，审众寡坚脆不敌，请先发，冀一当，弗许。饬君自毁厂，勿畀敌。君执不可。(寅恪案：此事可参《李文忠公全集》电稿三光绪十年六月初十日午刻寄译署电。唯“自毁厂”一语，与合肥原电语意微有不合。)相持逾月，法乘大风潮以雨，猝纵炮薄我水师，九艘熸焉。而我亦坏法三船，孤拔受巨创。法兵登岸辄中伏死。始衔尾毁两岸炮台而出。自是不复窥闽，船厂以全。而督臣方以失厂上闻，君报亦踵至，上切责督臣愦愦。既复檄调守厂军回守省城，君讼言弃门户、守堂奥非计。督臣被严饬，益大渐恚，风闽士劾君拥兵自卫。时君已以水师失利自劾。上壮君守厂，督抚船官均褫职，独夺君卿衔，下部议。寻命左公宗棠督闽师，君仍会办，兼署船政大臣。执政龁君未已，则示意闽、京僚取君疏锻练之，传以飞语，下左公及新督杨公昌濬会按。左公廉君无过，以实复诸朝。时君已坐荐唐、徐夺职，诏责左、杨袒护，谪君戍边。方事下左公时，执政意君尝面折左公，必怀宿憾，不为原洗也。

寅恪案：丰润欲出闽海追逐法舰，此乃合肥谓丰润不知此知彼，非知兵者，所论甚当。至于左宗棠之袒护丰润，颇疑当时谢章铤适在湘阴幕中，沧趣与谢氏累世交谊甚笃，湘阴之为丰润解脱，或由沧趣之故。"闽京僚"之界说当包括王仁堪、仁东兄弟在内。《涧于集·书牍》三《致朱子涵内弟》云：

闽人构陷，明谋秘计，不可端倪。其他均不足怪，惟可庄兄弟绝交下石，有欲杀之而后甘心意，令人不解。

复次，吴渔川永庚子《西狩丛谈》四述李合肥之言云：

天下事为之而后难，行之而后知。从前有许多言官，遇事弹纠，放言高论，盛名鼎鼎。后来放了外任，负到实在事责，从前芒角，立时收敛，一言不敢妄发。迨至升任封疆，则痛恨言官，更甚于人。尝有极力讦我之人，而俯首下心，向我求教者。顾台院现在，后来者依然踵其故步，盖非此不足以自见。制度如此，实亦无可如何之事也。

寅恪案：合肥所谓前为言官，后为封疆，尝极力讦之者，当即指南皮。合肥与渔川谈论时，实明言南皮之姓名，渔川曾受南皮知遇，故其书中特为之讳耳。

本篇校勘记：

一、此篇只见于“新稿本”。“蒋本”无，故无可对校。

二、本篇之中，于文廷式《纯常子枝语》卷九论总署权大，及《续碑传集》载吴汝纶所作李鸿章墓志铭之后，次页首行之前，插入标题“(五)清光绪十年至二十年十一月间中央政治之腐败”，一若由此以下之三千余字乃为第(五)篇之内容，而前此之千余字则属第(四)篇。适谨按：此一标题(五)盖非先师遗稿中原有，证据如下：(1)此标题之后，原文为：“总署之权限既如上述，则合肥于光绪十年甲申对内对外之关系，可以下列几点解释之：……”以下即列举李鸿章当时处理中法战争之五条方针。凡此皆与标题以前之原文紧密相连。以先师为文一向结构谨严细密，逻辑性极强，夫岂能于此强分篇章？(2)此标题(五)以后之内容，全系与中法战争，尤其是与福建马尾之水战以及张佩纶之获罪有关，与第(五)篇标题中反映出之中心内容(中央政治之腐败)与时限(光绪十年三月[适按：即恭亲王奕䜣为首之全部军机大臣被撤换之时，此后“清流”即开始失势]至二十年十一月[对日求和定议，帝、后两党斗争表面化之时])皆相差甚远，几乎全未涉及，基本上仍属第(四)篇《孝钦后最恶清流》之范围。(3)此标题不在原稿纸的行格以内，而是写在首行之外，绝不似其他诸篇章标题之眉目清楚，字迹亦与正文不一致，且较潦草。此标题(五)之字句亦与目录原文(两本皆同)有出入：“光绪十年”前多 “清”字，后面则脱“三月”二字；“中央政治之腐败”前，脱“清室”二字；题目标号之“五”字被涂抹，改“六”，又涂去，于已被抹去之“五”字上加恢复号“△”。凡此，皆足见此条标题（五）是后来插入的，且颇为匆促。（4）据上诸证，可推知此篇中之标题（五）盖非原有。今删去。原目录中之（五）以及“蒋本”中之（四）吾家与丰润之关系，则仍以“阙佚”论。

三、本篇之内容似仍有阙文，例如：先师于此篇案语中曾提到：“兹先就黄秋岳书所论宝廷、张佩纶二人之始末，而加以补充纠正，亦可见一斑矣。”但此“新稿本”之后文，于宝廷事迹，再未见提及。于张佩纶，亦仅详记其于中法战争时，受任会办福建军务，于马尾战败后遭受攻讦，终获革职遣戍之严谴等史事，而全未见述及其早岁为“清流”主将之一，“四谏”之首，既为北派“清流”领袖李鸿藻之得力亲信，又受到李鸿章之器重，在士大夫中名重一时，而又为权贵所侧目之政治地位与作用。而此诸方面，皆适于先师指导下写作学位论文时所曾面聆教诲者，似不致于此篇中竟无反映。颇疑此篇所存之内容亦不尽全备也。

（六）戊戌政变与先祖先君之关系

《碑传集补》一二黄尚毅撰《杨叔峤先生事略》略云：

（戊戌六月）十三日，朝旨以湘抚陈宝箴荐，诏先生预备召见。十四日召对，极言兴学练兵为救亡之策。上感其诚，诏立京师学堂。而川人李征庸在津办赈，先生劝捐二万金立蜀学堂，直省在京立学自蜀始也。先生在军机章京时，决疑定难，枢垣旧僚皆拱手推服。每一起草，条理精密，往往数百言无一字移易。其学与年俱进如此。三十以前，经史辞章原于家学。〔兄〕听彝先生著《说经堂丛书》，倡起蜀学，得先生而益盛，人咸以轼、辙许之。先生以隋史简略，著《隋史补遗》四十卷，楷录成册，藏于家。诗文约数十篇，皆散见无存稿。三十以后，留心掌故之学，感愤时事，不肯托诸空文。而代人作奏议独多，不备举，举其关系天下者。甲午、乙未中日战后，孝钦复幸颐和园，内监寇良才上书谏，被杀。朝士无敢言者。先生乃激励侍御王鹏运，并代作书上之，语颇切直。戊戌新学之士渐起，言论过激，先生虑朝士水火，非得有经术、通知时事大臣居中启沃，弗克匡救。当时徐公世昌以翰林佐今大总统袁臬司治兵于小站，亦与先生书云："自中日战后，合肥坐困，日本伊藤来京师，颇瞰中国无人。此时欲求抵御之策，非得南皮入政府不可。"先生得书，乃与乔树枏说大学士徐桐，并代作疏荐张。得旨陛见。枢府翁同龢不悦张，会沙市有教案，乃与张荫桓密谋中阻。张已至上海，奉旨折回。先生匡救之怀乃弗遂矣。先生代人作疏，不肯受名，事后即焚草，其公恕如此。尚毅戊戌留京，住先生寓斋，每侍谈燕，故得备聆也。先生既值枢府，德宗召见，赐手诏云："近日朕仰观圣母意旨，不欲退此老耄昏庸之大臣，而进用英勇通达之人；亦不欲将法尽变。虽朕随时几谏，而慈意甚坚。即如七月二十六日之事，圣母已谓太过。

朕岂不知中国积弱不振，非退此老耄昏庸之大臣而力行新政不可？然此时不惟朕权力所不能及，若必强以行之，朕位且不能保。尔与刘光第、谭嗣同、林旭等详悉筹议，必如何而后能进此英勇通达之人，使新政及时举行，又不致少拂圣意，即具封奏以闻，候朕审择施行，不胜焦虑之至。钦此。”七月二十六日因礼部司员王照请代上封事，堂官许应骙、怀塔布等阻格不奏。一日六堂革职，大臣颇自危。先生叹息曰：“皇上始误听于志锐，继误听于李盛铎，今又误听于康有为，殆哉！”覆奏，上即召见。于是有旨派康有为至上海。诸臣皆庆幸，以不召对先生，康不得去，祸不得息也。先生既下值，王彦威京卿来函云：“与此辈少年共事，有损无益。公他日进退俱难。”先生得书，急邀林旭至寓斋，切责之。林默然。初五日训政诏下，盖因缪延福等告变，故孝钦突然回宫也。次日，先生云：“我等定出军机。若皇上无事，我即出京，若有不测，决无可去之义。”初九日晨起，先生被逮。庆昶及毅亦同被拘。至坊上，先生曰：“彼公车也，何故拘之？”故毅及庆昶得释，而下先生刑部狱。同乡乔树枏乃电知张文襄请救。刑部以案情重大，请派大臣会审。十二日，直隶总督荣禄入京，召见。是夜文襄电至津，请荣转奏：愿以百口保杨锐。次日已宣布行刑，而转电始至，已无及矣。先生与刘光第入狱，殊泰然。至十三日，乃各加以凶服，刘固刑部司官，诧曰：“就刑矣！”至法庭，不屈。先生呼刘曰：“裴村，且听旨。”刚毅宣旨毕，先生曰：“愿明心迹。”刚〔毅〕云：“有旨不准说。”先生怒叱曰：“尔军机大臣衔害!”遂出就刑。先生既致命,尚毅同乔树枏等棺殓,殡于清字庵。念先生仅一子,若搜得手诏,必不免见焚,异日且无昭雪之据。乃将手诏密缝于尚毅衣领中。至八月二十五日,同庆昶扶柩出京回籍。宣统元年,毅同庆昶缴手诏于都察院,其词云:“窃生故父杨锐以内阁候补侍读,于光绪戊戌年七月,仰蒙先皇帝特擢四品卿衔、军机章京上行走,参预新政事宜。并蒙特旨召见,亲赐手诏,令详议覆。生时留侍京寓。故父下直后,一日唤生入室,敬将手诏令生恭藏,云已覆奏。生敬叩手诏理当恭缴。”生故父云:“本已面缴,圣恩仍复见赐。生敬叩覆奏如何?”故父云:“事关重要,当〔时〕未存稿,略举大纲三条:一言皇太后亲挈天下以授之皇上,应宜遇事将顺,行不去处,不宜固执己意。二言变法宜有次第。三言进退大臣,不宜太骤。”生当时所闻封奏情,实止此。嗣是年八月初九日,生故父与刘光第同时被逮。止谓是非一讯即明,不料邂逅就死。生惨痛昏迷,无术请代。故父门人黄尚毅语生云:“故父忠悃,官有封奏,私有家牍,他日尚可呈请别白;惟手诏关系重要,日后应当恭缴。谨宜密藏。即以是月扶柩归里。道途霖雨积雪,所重者惟先皇帝手诏及故父一棺耳。今十三年矣!惨念生故父生平志行,惟与刘光第相契相规,此外并无苟同之处。且所奉先皇帝手诏尚庋藏臣家未缴,无以对先皇帝在天之灵。是以约同故父门人黄尚毅,敬赍手诏来京,吁恳代呈,以光先皇帝圣德。至生父拳拳臣节,所图仰报先皇帝于万一者,当时封奏,谅已详明。其生平论学制行,实与刘光第同其本末,今大学士张之洞抚晋督粤督楚时，亦所深见。谨恳奏请昭雪。”奏入，留中。次年，又由资政院陈宝琛提议昭雪，通院赞成。奏入，政府卒搁不行，以迄于亡。

《散原精舍文集》五《巡抚先府君行状》略云：

〔光绪二十一年〕乙未八月，诏授湖南巡抚。府君故官湖南久，习知其利病。而功绩声闻昭赫耳目间，为士民所信爱。尤与其缙绅先生相慕向。平居尝语人曰：“昔廉颇思用赵人，吾于湘人犹是也。”府君盖以国势不振极矣，非扫敝政，兴起人材，与天下更始，无以图存。阴念湖南据东南上游，号天下胜兵处。其士人率果敢负气可用。又土地奥衍，煤铁五金之产毕具。营一隅为天下倡立富强根基，足备非常之变，亦使国家他日有所凭恃。故闻得湖南，独窃喜自慰；而湖南人闻巡抚得府君，亦皆喜。是时湖南旱饥，赤地且千里，朝廷以为忧。趣府君赴任，勿入觐。遂取海道入长沙。盖湖南所被灾州县二十余，浏阳、醴陵、衡山最巨。府君先传电各行省大吏，乞互助。旬日达复电，有助金五六十万，府君用是稍得藉手矣。首大振三县。浏阳伏匪倚灾数倡乱，用县人欧阳君中鹄领振，得无事。初，府君甫视事，即严贩米出境令。亡何，米舟逾千艘聚岳州，哗变，且窜出。府君以米禁大系安危，遣某总兵持符亟遮之，诫立诛其首梗令者。由是悉挽而上，人心大定。凡府君所设方计，得次第振活都百数十万人。当是时，非府君为巡抚，湖南几大乱。府君承困敝之后，纲纪放弛，吏益杂进，贪虐窳偷之风相煽，而公私储藏既耗竭，万事坏废待理。府君以为其要者在董吏治，辟利源；其大者在变士习，开民智，饬军政，公官权。于是察劾府县以下昏墨不职二十余人，而代以干良者。桃源令食暴无人理，上其罪至遣戍。群吏懔然，遂改观。既设矿务局，别其目曰官办、商办、官商合办；又设官钱局、铸钱局、铸洋圆局，以朱公昌琳领之。朱公七十余，负干略，以义侠闻四方，老谢客，独勉为府君出。又通电竿，接鄂至湘潭，以张君祖同领之。而时务学堂、算学堂、湘报馆、南学会、武备学堂、制造公司之属，以次毕设。又设保卫局，附迁善所，以盐法道黄君遵宪领之。又属黄君改设课吏馆，草定章程。又选取赴日本学校生五十人，待发。其他蚕桑局、工商局、水利公司、轮舟公司以及丈勘沅江涨地数十万亩，皆已萌芽发其端。由是规模粗定。当是时，江君标为学政，徐君仁铸继之，黄君遵宪来任盐法道，署按察使，皆以变法开新治为己任。其士绅负才有志意者，复慷慨奋发，迭起相应和，风气几大变。湖南之治称天下，而谣诼首祸亦始此。先是府君既锐兴庶务，竞自强，类为湘人耳目所未习，不便者遂附会构煽，疑谤渐兴。……复以学堂教习与主事康有为连，愈益造作蜚语，怪幻不可究诘。徒以上意方向用府君，噤不得发。二十四年八月康、梁难作，皇太后训政，弹章遂蜂起。会朝廷所诛四章京，而府君所荐杨锐、刘光第在其列，诏坐府君滥保匪人，遂斥废。既去官，言者中伤周内犹不绝。于是府君所立法，次第寝罢，凡累年所腐心焦思，废眠忘餐，艰苦曲折经营缔造者，荡然俱尽。独矿务已取优利，得不废。……与郭公嵩焘尤契厚，郭公方言洋务，负海内重谤，独府君推为孤忠闳识，殆无其比。及巡抚湖南，郭公已先卒，遇设施或牴牾，辄自伤曰："郭公在不至是也。"其为治，规模远大，务程功于切近。视国家之急逾其私。……复密陈筹饷振海军，联与国之策。故府君独知时变所当为而已，不复较孰为新旧，尤无所谓新党旧党之见。康有为之初召对也，即疏言其短长所在，推其疵弊。请毁其所著曰《孔子改制考》。(寅恪案：范肯堂撰先祖墓志铭，谓先祖喜康有为之才，而不喜其学也。康南海挽先祖诗云："公笑吾经学，公羊同卖饼"者，可证也。今日平心论之，井研廖季平、平及南海初期著述尚能正确说明西汉之今文学。但后来廖氏附会《周礼》占梦之语；南海应用《华严经》中古代天竺人之宇宙观，支离怪诞，可谓"神游太虚境"矣。至若张南皮《劝学篇》痛斥公羊之学为有取于孔广森之《公羊通义》。其实扐约为姚鼐弟子，转工骈文，乃其特长。而《公羊通义》实亦俗书，殊不足道。清代今文公羊学者唯皮锡瑞之著述最善，他家莫及也。)四章京之初直军机亦然，曾疏言，变法事至重，四章京虽有异才，要资望轻而视事易。为论荐张公之洞总大政，备顾问。政既变，复电达大学士荣禄，讽其遵主庇民，息党祸，维元气。

光绪朝《东华录》"光绪二十四年二月壬戌"条略云：

陈宝箴奏：臣于光绪二十二年，准礼部咨山西抚臣胡聘之奏请变通书院章程一折，承准总理衙门谘议覆刑部左侍郎李端棻奏请推广学校一折；本年三月，又承准总理衙门谘议覆安徽巡抚邓华熙奏，筹议添设学堂，请拨常年经费一折，均奉旨依议谘饬通行。仰见我皇上奖励实学，培养人材之至意。钦感莫名。自咸丰以来，削平寇乱，名臣儒将，多出于湘。其民气之勇，士节之盛，实甲于天下。而恃其忠肝义胆，敌王所忾，不愿师他人之长，其义愤激烈之气，鄙夷不屑之心，亦以湘人为最。近年闻见渐拓，风气日开，颇以讲求实学为当务之急。臣自到任，迭与湘省绅士互商提倡振兴之法：电信渐次安设，小轮亦已举行。而绅士中复有联合公司以机器制造者，士民习见，不以为非。臣以为因势利导，宜及此时因材而造就之。当于本年秋冬之间，与绅士筹商，在省会设立时务学堂，讲授经史掌故与法律、格致、测算等实学。额设学生一百二十人，分次考选。而延聘学兼中西，品端识卓之举人梁启超，候选州判李维格，为中学西学总教习。另设分教习四人。现已开学数月，一切规模均已粗具。省城旧有求贤书院，现据改为武备学堂，略仿天津、湖北新设规制，以备将才而肄武事。

同书“光绪二十四年六月甲辰”条(可参《清史稿》四七〇《杨深秀传》“湖南巡抚陈宝箴图治甚急，中蜚语。深秀为剖辨之。上以特旨褒宝箴。宝箴乃得行其志”等语)略云：

谕：目今时局艰难，欲求自强之策，不得不舍旧图新。前因中外臣工半多墨守旧章，曾经剀切晓谕，勖以讲求时务，勿蹈宋、明积习。谆谆训诫，不啻三令五申。惟是朝廷用意之所在，大小臣工恐尚未尽深悉。现在应办一切要务，造端宏大，条目烦多，不得不裒集众长，折衷一是。遇有交议事件，内外诸臣务当周谘博访，详细讨论。毋缘饰经术，附会古义；毋固执成见，隐便身图。倘或面从心违，希冀敷衍塞责，致令朝廷实事求是之义愆其本旨，甚非朕所望于诸臣也。总之，中国现在病在痿痺，积弊太深，诸臣所宜力戒。即如陈宝箴，自简任湖南巡抚以来，锐意整顿，即不免指摘纷乘。此等悠悠之口，属在搢绅，倘仍随声附和，则是有意阻挠，不顾大局，必当予以严惩，断难宽贷。当此时事孔棘，毖后惩前，深惟穷变通久之义，创办一切，实具万不得已之苦衷，用再明白申谕，尔诸臣其各精白乃心，力除壅蔽，上下以一诚相感，庶国是以定，治理蒸蒸日上，朕实有厚望焉。

同书“光绪二十四年七月甲子”条略云：

谕：陈宝箴奏：遵保人才，开单呈览一折：湖南候补道夏献铭、试用道黄炳离、降调前内阁学士陈宝琛、内阁候补侍读杨锐、礼部候补主事黄英采、刑部候补主事刘光第、广东候补道杨枢、试用道王秉恩、江苏试用道欧阳霖、江西试用道恽祖祈、杜俞、湖北候补道徐家干、江苏候补道柯逢时、湖北试用道薛华培、候补道左孝同，以上各员，在京者着各该衙门传知该员，预备召见。其余均由各该督抚饬知来京，一体预备召见。

同书“光绪二十四年七月辛未”条云：

谕：内阁候补侍读杨锐、刑部候补主事刘光第、内阁候补中书林旭、江苏候补知府谭嗣同，均着赏加四品卿衔，在军机章京上行走，参预新政事宜。

同书“光绪二十四年八月乙未”条略云：

谕：大学士荣禄着管理兵部事务并节制北洋各军，由礼部颁给关防。

谕：主事康有为，实为叛逆之首，现已在逃。举人梁启超，与康有为狼狈为奸，所著文字，语多狂谬，着一并严拿惩办。康有为之弟康广仁，及御史杨深秀、军机章京谭嗣同、林旭、杨锐、刘光第等，实系与康有为结党，隐图煽惑。杨锐等每于召见时，欺蒙狂悖，密保匪人。实属同恶相济，罪大恶极。前经将各该犯革职，拿交刑部讯究。（寅恪案：可参同月庚寅条。）旋有人奏：若稽时日，恐有中变。朕熟思审处，该犯等情节较重，难逃法网。倘语多牵涉，恐致株累。是以未俟覆奏，于昨日谕令：将该犯等即行正法。

同书“光绪廿四年八月辛丑”条略云：

谕：湖南巡抚陈宝箴，以封疆大吏，滥保匪人，实属有负委任。陈宝箴著即行革职，永不叙用。伊子吏部主事陈三立，招引奸邪，着一并革职。

同书“光绪廿四年八月甲辰”条云：

谕：陈宝箴昨已革职，永不叙用。荣禄曾经保荐，兹据自请处分，……荣禄，着交部议处。

同书“光绪廿四年八月丁未”条略云：

〔懿旨〕现在时事艰难，以练兵为第一要务，是以特简荣禄为钦差大臣，所有提督宋庆所部毅军、提督董福祥所部甘军、提督聂士成所部武毅军、候补侍郎袁世凯所部新建陆军，以及北洋各军，悉归荣禄节制，以一事权。

同书“光绪二十四年九月辛亥”条云：

谕：吏部奏遵议处分一折，大学士荣禄应得降二级调用处分。著加恩改为降二级留任。

寅恪案：综合上列资料，先祖关于戊戌政变始末，可以概见矣。盖先祖以为中国之大，非一时能悉改变，故欲先以湘省为全国之模楷，至若全国改革，则必以中央政府为领导。当时中央政权实属于那拉后，如那拉后不欲变更旧制，光绪帝既无权力，更激起母子间之冲突，大局遂不可收拾矣。那拉后所信任者为荣禄，荣禄素重先祖，又闻曾保举先君。（西人 Backhouse 所著《慈禧外纪》言及此事，寅恪昔举以询先君，先君答言不知。但其时先君挚友李木斋丈盛铎在荣禄幕府，《慈禧外纪》所言或非无因。又湖南文史馆所辑参考资料中皮鹿门丈（锡瑞）日记，谓当时馆中学正张公百熙保荐二人，首为康南海，次即先君。但先君于光绪二十三年丁酉十二月丁先祖母忧，依例丁忧人员不列保荐，故张公荐剡未列先君之名。荣禄之荐先君，不见于公牍，或亦此故欤？俟考。噫！先君苟入京者，当与四章京同及于难，可谓不幸中之幸矣。）先祖之意，欲通过荣禄，劝引那拉后亦赞成改革，故推夙行西制而为那拉后所喜之张南皮入军机。首荐杨叔峤〔锐〕，即为此计划之先导也。观黄尚毅所记，知南皮与荣禄本无交谊，而先祖与荣禄之关系，则不相同也。当政变后，都中盛传先祖必受发往新疆之严谴，如李端棻奏保康有为及谭嗣同之例（见《东华录》“光绪二十四年八月庚子”条）。然止于革职永不叙用之薄惩，实由荣禄及王仁和（王文韶）碰头乞请所致也。

先祖先君革职，归寓南昌，不久，先祖逝世，先君移居金陵，以诗歌自遣。光绪二十九年癸卯，以次年为慈禧七十寿辰，戊戌党人除康、梁外，皆复原官，但先君始终无意仕进，未几袁世凯入军机，其意以为废光绪之举既不能成，若慈禧先逝，而光绪尚存者，身将及祸。故一方面赞成君主立宪，欲他日自任内阁首相，而光绪帝仅如英君主之止有空名；一方面欲先修好戊戌党人之旧怨。职是之故，立宪之说兴，当日盛流如张謇、郑孝胥皆赞佐其说，独先君窥见袁氏之隐，不附和立宪之说。是时江西巡抚吴重憙致电政府，谓素号维新之陈主政，亦以为立宪可缓办。又当时资政院初设，先君已被举为议员，亦推卸不就也。袁氏知先君挚友署直隶布政使毛实君丈(庆蕃)，署保定府知府罗顺循丈(正钧)及吴长庆提督子彦复丈(保初)，依项城党直隶总督杨士骧寓天津，皆令其电邀先君北游。先君复电谓与故旧聚谈，固所乐为，但绝不入帝城。非先得三君誓言，决不启行。三君遂复电谓止限于旧交之晤谈，不涉他事。故先君至保定后，(可参《散原精舍诗》卷下《〔光绪三十二年丙午〕四月下旬至保定越闰月二日实君布政兄宴集莲花池》及《赠顺循》诗。)至天津，归途复过保定，(可参同书同卷《保定别实君顺循三日至汉口登江舟望月》诗。)遂南还金陵也。

癸亥，先母及先长兄衡恪同时病殁于金陵。家人恐先君忧伤过度，遂移家杭州。继因杭州夏季炎热，故迁居匡庐。不意其地游客众多，烦嚣殊甚，颇厌苦之。时寅恪任教清华大学，乃迎养至燕。不数岁而有卢沟桥事变。先君忧愤不食，遂以不起。故未得见抗日胜利，惜哉！痛哉！

复次，兹有可附言者，即先君救免文芸阁丈廷式一事。戊戌政变未发，即先祖、先君尚未革职以前之短时间，军机处廷寄两江总督，谓文氏当在上海一带。又寄江西巡抚，谓文氏或在江西原籍萍乡，迅速拿解来京。其实文丈既不在上海，又不在江西，而与其夫人同寓长沙。先君既探知密旨，以三百金赠文丈，属其速赴上海。而先祖发令，命长沙县缉捕。长沙县至其家，不见踪迹。复以为文丈在妓院宴席，遂围妓院搜索之，亦不获。文丈后由沪东游日本，赍同、光朝盛流李文田、沈曾植等所定之《蒙古元秘史对音本》。日本那珂通世因之撰《成吉思汗实录》一书，此开日本治蒙古史之先路也。先君所撰《文芸阁学士同年挽词》(见《散原精舍诗》上)六首之四云：

> 元礼终亡命，郃卿辱大儒。孰传钟室语，几索酒家胡。祸兴机先伏，烟涛梦自孤。光茫接三岛(自注："君尝游日本。")，留得口中珠。

其第一联上句用《史记》九二《淮阴侯列传》，下句指长沙县搜妓院事。末二句指传播同、光盛流之学于东瀛也。

(七)关于寅恪之婚姻(补文)

寅恪少时，自揣能力薄弱，复体孱多病，深恐累及他人，故游学东西，年至壮岁，尚未婚娶。先君先母虽累加催促，然未敢承命也。后来由德还国，应清华大学之聘。其时先母已逝世。先君厉声曰："尔若不娶，吾即代尔聘定。"寅恪乃请稍缓。先君许之。乃至清华，同事中偶语及：见一女教师壁悬一诗幅，末署"南注生"。寅恪惊曰："此人必灌阳唐公景崧之孙女也。"盖寅恪曾读唐公《请缨日记》。又亲友当马关中日和约割台湾于日本时，多在台佐唐公独立，故其家世，知之尤谂。因冒昧造访。未几，遂定偕老之约。兹录唐公原诗，并寅恪和诗于后。唐公诗云：

苍昊沉沉忽霁颜，春光依旧媚湖山。补天万手忙如许，莲荡楼台镇日闲。（寅恪案：唐公归来后，家居桂林之环湖边，故云莲荡。光绪戊戌春间，全国竞言改革，公自伤闲居，无缘补天也。）

盈箱缣素偶然开，任手涂鸦负麝煤。一管书生无用笔，旧曾投去又收回。

为人作书，口占二绝。冬阴已久，立春忽晴，亦快事也。南注生。

寅恪诗云：

南注公诗幅藏之有年，旅居香港时，适值太平洋之战，仓促携以归国，颇有割损，兹重付装裱，谨题四绝于后。

横海雄图事已空，尚瞻遗墨想英风。古今多少兴亡恨，都付扶余短梦中。

当时诗幅偶然悬，因结同心悟夙缘。果剩一枝无用笔，饱濡铅泪记桑田。

一卷新装劫后开，劫痕犹似染炱煤。湖山明媚虽依旧，旧日春光去不回。

频年家国损朱颜，镜里愁心锁叠山。历书太行人事路，倘能偕老得余闲。

一九二八年旧历七月十七日与唐筼结缡于上海。余尧衢丈（肇康）贺以一联。其上句云“天孙七夕展佳期”，即指是而言也。后生三女，长女流求，适钱塘董有淞，生三女：景宜、景同、鹤孙（拟以鹤孙为寅恪夫妇二人之孙）。次女小彭，适文昌林启汉，生一子日晖。三女美延，尚未适人。

一九六六年六月二十三日端午，寅恪书于广州康乐，中山大学东南区一号楼上。

时年七十六。

杂稿

编者按:《金明馆丛稿初编》陈寅恪自序,“此旧稿不拘作成年月先后,亦不论其内容性质,但随手便利”,循例将《陈寅恪集·讲义与杂稿》中的杂稿部分移入《寒柳堂集》后,仍标明“杂稿”。

论禅宗与三论宗之关系

自敦煌本《坛经》《楞伽师资记》《历代法宝记》诸书发见后，吾人今日所传禅宗法统之历史为依托伪造，因以证明。其依托伪造虽已证明，而其真实之史迹果何如乎？此中国哲学史上之大问题尚未能解决者也。予意禅宗之兴起与三论宗不无关系，兹剌取旧籍所载涉于此问题者次第略加说明。以供治中国哲学史者之参考。

隋硕法师《三论游意义》云：

> 佛灭度后，传持法藏，有二十三人。

又云：

> 而传持法藏始末为论，有二十三人也。始自摩诃迦叶，终讫仰（"仰"当作"师"，字形之误也）子比丘也。问："马鸣付属何人？乃至提婆付属何人？"答："马鸣去世付属比罗比丘。比罗比丘去世，付属龙树。龙树去世，付属提婆。提婆去世，付属罗什（"什"当作"侯" 记作罗侯，〔罗〕"侯"不作"睺"，与"什"字相似。此书为言三论宗著作，故与鸠摩罗什联想致误）。如是相承，乃至付属师子比丘也。"问："法胜呵梨乃至旃延达摩付属何人？"答："此并是诸论议师，异部相承，非传法藏，皆为马鸣、龙树之所破也。"

案：此文问答，前节所论据为北魏吉迦夜、昙曜共译之《付法藏因缘传》；后节所论自法胜呵梨以下，所据为《长安城内齐公寺萨婆多部佛大跋陀罗师宗相承略传》（见梁僧祐《出三藏记集》卷第十二《萨婆多部师资记目录序》）。盖三论宗为大乘论宗，南北朝小乘论萨婆多部既有师承传授之载记，而中国人为最富于以历史性之民族，故大乘论宗尤不能无有法统之历史。《付法藏因缘传》译自昙曜，而其书终于师子比丘为罽宾灭法王弥罗所杀，与当时魏太武禁毁佛教之背景有关，本非三论传授之记载，惟其中述及龙树、提婆，因得以附会之为三论宗之法统史。至《萨婆多部师资相承传》乃述三论宗传授史者所不采，后来禅宗以其中有达磨多罗诸名，因杂糅《付法藏因缘传》及《萨婆多部师资相承传》二书，以为教外别传之秘史。其实，师子比丘以前全采用《付法藏因缘传》，而其采用《付法藏因缘传》则由三论宗袭取而来。今《付法藏因缘传》所记传授次第自摩诃迦叶至师子比丘，敦煌本之《历代法宝记》及今本《坛经》、《传灯录》皆以为二十四人。详绎《付法藏因缘传》之文，实只二十三代。盖阿难传之于商那和修，商那和修又传之优波毱多。末田地为《罽宾别传》，应不与王舍城之法统合计。严格言之，自是二十三人，二十三代。今本《坛经》虽不计末田地，而加入婆须密多，亦为二十四代。惟敦煌本之《坛经》虽有末田地，而无弥遮迦，故止二十三代。硕法师所称之二十三代，不知与敦煌本《坛经》之二十三代内容次第是否悉相符合，今不可知。独其为二十三代而非二十四代，则禅宗最初之计算方法亦同于三论宗，兹可注意者也。

禅宗与三论宗之法统史同采用《付法藏因缘传》，必非偶然之事。盖新禅宗之初起与三论宗有密切相互之关系，今犹可以借三论宗大师之传记窥见一斑。

道宣《续高僧传》卷九三《论宗大师慧布传》略云：

承摄山止观寺僧诠法师，大乘海岳，声誉远闻，乃往从之。听开三论，学徒数百，翘楚一期。时人为之语曰："诠公四友，所谓四句朗，领语辩，文章勇，得意布。”布称得意，最为高也。

常乐坐禅，远离嚣扰，誓不讲说，护持为务。末游北邺，更涉未闻。于可禅师所，暂通名见，便以言悟其意。可曰：“法师所述，可谓破我除见，莫过此也。”乃纵心讲席，备见宗领，周览文义，并具胸襟。又写章疏六驮，负还江表，并遣朗公，令其讲说。因有遗漏，重往齐国，广写所阙，赍还付朗。自无一畜，衣钵而已。专修念慧，独止松林，萧然世表，学者欣慕。

又《续高僧传》卷九《法朗传》云：

初摄山僧诠，受业朗公(道朗)，玄旨所明，惟存中观。自非心会析理，何能契此清言，而顿迹幽林，禅味相得？及后四公(指法朗、玄辩、法勇、慧布)往赴，三业资承，爰初誓不涉言，及久乃为敷演。故诠公命曰：“此法精妙，识者能行，无使出房，辄有开示。故经云：‘计我见者莫说此经，深乐法者不为多说，良由药病有以，不可徒行。’”朗等奉旨，无敢言厝。

案：慧布游邺所见之可禅师，即禅宗此土第二祖僧可或慧可也。《续高僧传》卷一九《僧可传》云：

遂流离邺卫，亟展寒温。

慧布至邺二次不知何年，要皆可有值慧可之机会则无疑也。

据慧布、法朗传之文可推知，三论宗自河西法朗、僧诠以来，即有一种秘传心法，专务禅定，不尚文字之意味。南北朝儒家及佛教讲说经典章句，义疏之学盛行一时，广博繁重，遂成风气。隋代三论宗之嘉祥大师吉藏者，亦其同时儒家二刘(士元、光伯)之比。

而唐初马嘉运本三论宗之沙门，还俗后专精儒业，以掎摭孔冲远之《正义》见称于时（见《旧唐书》卷七十三《孔颖达传》附马嘉运传）。盖当时儒、佛二家之教义虽殊，而所以治学解经皆用同一方法，既偏重于文字之考证，遂少致力于义理之研究。故僧诠、慧布之所以誓不涉言，誓不讲说，顿迹幽林，专修念慧，皆不过表示其对于当日佛教考据家之一种反动，而矫正之之意。与后世（佛家内）禅学家对于义学家，（儒家内）宋学家对于汉学家不满之态度正复相同也。

然三论宗与新禅宗非仅此种态度相似，实本之于一贯之教义继续承袭，非出于偶然。据禅宗之传说，以《楞伽》《金刚》二经传授心法，今观禅宗之参证问答，其利根所说，乃用《楞伽》方法超四句义以立言，即根本打消问题，如"菩提本无树，明镜亦非台"之类，若推究其教义之中心，不出龙树、提婆中观空宗之旨，而般若《金刚》所以为其法要，此适足明其为三论宗之继承者也。

至顿悟之说，在佛教本为非常可怪之异义，亦三论宗之创说也。

南宋日本凝然《八宗纲要》卷下《三论宗》略云：

〔鸠摩〕罗什三藏大翻经论，广传此宗。道生、僧肇、道融、僧睿，并肩相承。昙影、慧观、道恒、昙济，同志赞美，遂使昙济大师继踵弘传，以授道朗大师，道朗授于僧诠大师，僧诠授于法朗大师，法朗授于嘉祥大师（吉藏）。

又《三论源流系谱》（金陵刻经处《三论玄义》卷首）载：

鸠摩罗什传道生，道生传昙济，昙济传道朗，道朗传僧诠，僧诠传法朗，法朗传嘉祥吉藏。

案：鸠摩罗什诸弟子皆一代旷世高材，而其中应以生公为之冠。支那佛教之独立，及后来儒、佛混一之哲学之构成，实赖斯人。

慧皎《高僧传》卷七（金陵刻经处本）《道生传》云：

生既潜思日久，彻悟言外，乃喟然叹曰："夫象以尽意，得意则象忘。言以诠理，入理则言息。自经典东流，译人重阻，多守滞文，鲜见圆义。若忘筌取鱼，始可与言道矣。"于是校阅真俗，研思因果，乃言"善不受报""顿悟成佛"。又著《二谛论》《佛性当有论》《法身无色论》《佛无净土论》《应有缘论》等。笼罩旧说，妙有渊旨。而守文之徒，多生嫌嫉，与夺之声，纷然竞起。又六卷《泥洹》先至京都，生剖析经理，洞入幽微，乃说"一阐提人皆得成佛"。于是大本未传，孤明先发，独见忤众。于是旧学以为邪说，讥愤滋甚，遂显大众摈而遣之。生于大众中正容誓曰："若我所说反于经义者，请于现身即表疠疾；若与实相不相违背者，愿舍寿之时据师子座。"言竟，拂衣而游。后《涅槃》大本至于南京，果称阐提悉有佛性，与前所说，合若符契。生既获新经，寻即讲说。以宋元嘉十一年冬十一月庚子，于庐山精舍升于法座。神色开朗，德音俊发，论议数番，穷理尽妙，观听之众莫不悟悦。法席将毕，忽见麈尾纷然而坠，端坐正容，隐几而卒，颜色不异，似若入定。道俗嗟骇，远近悲泣。于是京邑诸僧内惭自疚，追而信服。

时人以生推阐提得佛，此语有据。"顿悟""不受报"等，时亦宪章，宋太祖尝述生顿悟义，沙门僧弼等皆设巨难，帝曰："若使逝者可兴，岂为诸君所屈？"

案：道生所著诸书今已不传，然据《僧传》所载，知其所发明皆印度思想上之根本问题，而与中国民族性有重要之关系者也。兹就“一阐提人皆得成佛”及“顿悟成佛论”二者言之。

印度社会阶级之观念至深，佛教对于社会阶级之观念虽平等，而其修行证道上阶级之观犹存，故佛教教义有种姓之问，即辟支乘、声闻乘、如来乘、不定乘及无种姓等五种分别。此种观念盖从社会阶级之观念移植于修行证道之区域，亦可谓印度民族之根本观念所在也。故比较有保守性之宗派，如法相宗之经论《入楞伽经》《瑜伽师地论》《大庄严经论》等，皆持种姓阶级之说。而《方等涅槃经》者，依法显《佛国记》所记载，显在巴连弗邑摩诃衍僧伽蓝得《摩诃僧祇律》即《大众部律》、《萨婆多部律》即《说一切有部律》、《杂阿毗昙心论》、《方等般泥洹经》、《摩诃僧祇阿毗昙》等梵本。

又《高僧传》卷三《智猛传》云：

> 后至华氏国阿育王旧都，有大智婆罗门，名罗阅宗，举族弘法。……既见猛至，乃问：“秦地有大乘学不？”猛答：“悉大乘学。”罗阅惊叹曰：“希有，希有，将非菩萨往化耶？”猛于其家得《大泥洹》梵本一部，又得《僧祇律》一部。

案：《萨婆多律》《杂心阿毗昙》皆属说一切有部，而《摩诃僧祇律》《摩诃僧祇阿毗昙》则属大众部。此二部虽皆小乘，然说一切有部之《阿毗达磨大毗婆沙论》卷九十九所纪大众部与上座部分裂事，大众部创立者大天弑父烝母杀罗汉，犯诸罪恶，穷极丑诋，无所不至。说一切有部出于上座部，即《大毗婆沙论》之言，上座部一面之词，不可征信。吾人今日关于上座部与大众部分裂之真相不能详知，但大众部对于佛教必为一种改革派而始焉。守旧义者惊恐□狂忤□实已启后大乘□□之渐。

观僧祐《出三藏记集》卷十一玄畅之成实论主《诃梨跋摩传》云：

> 时有僧祇部僧，住巴连弗邑，并遵奉大乘。

可知小乘之大众部后来亦与大乘混合。法显所获梵本仅说一切有与大众二部之书，智猛所得《大泥洹》梵本又与《僧祇律》同出于罗阅之家，则《方等般泥洹经》者疑亦与大众部有关，故亦有反乎印度传统观念之非常可怪异论，如一阐提亦有佛性之说也。然此说在普遍印度佛教观念中为特别例外，道生犯先倡此义，当时众僧目为邪说，无怪其然。后虽得梵本之孤证，借以自明，然非生公之誓以死生力主新义而破种姓阶级之旧论，则后来中国之众生皆有佛性之说，除少数宗派外，几于全体公认，倘非生公之力必不能致是。此生公之排斥旧说自创新义之一也。

至顿悟之说，则与印度人轮回之说根本冲突。兹举《华严经》之例以明之。六十卷之原本，据《高僧传·佛陀跋陀罗传》，乃东来支法领得之于于阗。八十卷之原本，则以武后闻于阗有梵本，发使求访，并请译人，因与实叉难陀同来自于阗。

法藏《华严经传记》引《开皇三宝录》略云：

> 遮拘槃国，彼王历叶，敬重大乘。王宫内自有《华严》等经，王躬受持。此国东南可二十余里，有山甚险，其内置《华严》等。东晋沙门支法领者，得《华严》〔于此〕。

案："遮拘槃"即玄奘《西域记》之"斫句迦"，亦言其国中大乘法典部数尤多，佛国至处，莫斯为盛。东行八百里至瞿萨旦那国，即于阗，此两国并多习学大乘《华严》，是二国地相近教相同，所谓于阗亦广义之称也。总之，此经与于阗或及近傍之国有关，可以想见。盖此经具有甚深之中央亚细亚民族色彩，故甚标与轮回观念根本冲突之顿悟说。

如宋《高僧传》卷四《顺璟传》云：

〔璟在本国稍多著述，亦有传来中原者，其所宗法相大乘了义教也。见《华严经》中"始从发心，便成佛已"，乃生谤毁不信。〕

编者按：本文为作者未写完之草稿。

韩愈与唐代小说

《韩愈昌黎先生文集》(《四部丛刊》影元本)卷一四有《答张籍书》《重答张籍书》二通。(籍,《旧唐书》卷一六〇有传,《新唐书》卷一七六《韩愈传》附。)来书二通,亦载同卷。籍第一书有云:

> 比见执事多尚驳杂无实之说,使人陈之于前以为欢。此有以累于令德。

愈答其咎责曰:

> 吾子又讥吾与人为无实驳杂之说。此吾所以为戏耳。比之酒色,不有间乎?

籍第二书云:

> 君子发言举足,不远于理。未尝以驳杂无实之说为戏也。执事每见其说,亦拊抃呼笑。是挠气害性,不得其正矣。苟正之不得,曷所不至焉?

愈更答曰:

> 驳杂之讥,前书尽之。吾子其复之。昔者夫子犹有所戏。(见《论语·阳货篇》)《诗》不云乎:"善戏谑兮,不为虐兮。"(《诗经·卫风·淇奥篇》)《记》曰:"张而不弛,文武不能也。"(《礼记·杂记篇下》)恶害于道哉?吾子其未之思乎?

考赵彦卫《云麓漫钞》(《涉闻梓旧》本)卷八云:

> 唐之举人先借当世显人,以姓名达于主司,然后以所业投献;逾数日又投,谓之"温卷"。如《幽怪录》(参《四库全书总目提要》卷一四四《小说家类存目二》)、《传奇》(《新唐书》卷五九载裴铏《传奇》三卷)等皆是也。盖此等文备众体,可以见史才、诗笔、议论。

案：籍书所云“驳杂”之义，殊不明清。未审其所指系属于一、文体，二、作意，抑三、本事之性质。若所指为第一点，则如赵彦卫所说，唐代小说，一篇之中，杂有诗歌、散文诸体，可称“驳杂”无疑。若所指为第二点，则唐代小说家之思想理论实深受佛、道两教之影响，自文士如韩愈之观点言之，此类体制亦得蒙“驳杂”之名。若就第三点言，则唐代小说之所取材，实包含大量神鬼故事与夫人世所罕之异闻，此固应得“驳杂”及“无实”之谥也。

总之，设韩愈所好“驳杂无实之说”非如《幽怪录》《传奇》之类，此外亦更无可指实。虽籍致愈书时，愈尚未撰《毛颖传》，（参《五百家注音辩昌黎先生文集》卷一四《答张籍书》樊氏《注》。《毛颖传》见《昌黎先生文集》卷三六。）而由书中陈述，固知愈于小说先有深嗜。后来《毛颖传》之撰作，实基于早日之偏好。此盖以古文为小说之一种尝试，兹体则彼所习用以表扬巨人长德之休烈者也。

李肇《国史补》（《津逮秘书》本）卷下“韩沈良史才”条云：

> 沈既济撰《枕中记》（既济，《旧唐书》卷一四九及《新唐书》卷一三二有传。《枕中记》见《文苑英华》卷八三三及《太平广记》卷八二）、《庄子》寓言之类。韩愈撰《毛颖传》，其文尤高，不下史迁。二篇真良史才也。

柳宗元《读韩愈所著〈毛颖传〉后题》（《增广注释音辩唐柳先生集》卷二一，《四部丛刊》影元本）云：

> 世人笑之也，不以其俳乎？而俳又非圣人之所弃者。《诗》曰：“善戏谑兮，不为虐兮。”《太史公书》有《滑稽列传》（《史记》卷一二六）。皆取乎有益于世者也。

赵彦卫所谓“可见史才议论”，与李肇及柳宗元皆以《毛颖传》与《史记》并论，殊有会通之处也。裴度《与李翱书》(度，《旧唐书》卷一七〇及《新唐书》卷一七三有传。翱，《旧唐书》卷一六〇及《新唐书》卷一七七有传。《书》见明本《文苑英华》卷六八〇及《四部丛刊》影嘉靖本《唐文粹》卷八四)云：

昌黎韩愈，仆识之旧矣。中心爱之，不觉惊赏。然其人信美才也。近或闻诸侪类云：恃其绝足，往往奔放。不以文立制，而以文为戏，可矣乎？可矣乎？今之不及之者，当大为防焉尔。

《旧唐书》(岑本)卷一六〇《韩愈传》云：

时有恃才肆意，亦有盭孔、孟之旨。若南人妄以柳宗元为罗池神，而愈撰碑以实之。李贺父名晋(此句诸本皆同，据《旧唐书》卷一三七，《新唐书》卷二〇三，及《昌黎先生文集》卷一二《讳辨》，“晋”下当补“肃”字)，不应进士，而愈为贺作《讳辨》，令举进士。又为《毛颖传》，讥戏不近人情，此文章之甚纰缪者。

《国史补》卷下“叙时文所尚”条云：

元和以后，文笔则学奇诡于韩愈。……大抵……元和之风尚怪也。

裴度所谓“以文为戏”，与夫《旧唐书》之所指陈，皆学人基于传统雅正之文体，以评论韩愈者。在当时社会中，此非正统而甚流行之文体——小说始终存在之事实，彼辈固忽视之也。《讳辨》问题，非本文范围，姑不置论。《罗池庙碑》(《昌黎先生文集》卷三一)则显涵深义。其中多有神怪之谈，此固可能缘于作者早岁好奇，遂于南人不经之依托，有所偏爱。若取“子不语：怪、力、乱、神”之言(《论语·述而篇》)，文士所奉为科律者，以绳之，则于李肇“尚怪”之评，自以为然矣。顾就文学技巧观点论之，则《罗池庙碑》与《毛颖传》实韩集中最佳作品。不得以其邻于小说家之无实，而肆讥弹也。

贞元(七八五—八〇五)、元和(八〇六—八二〇)为古文之黄金时代，亦为小说之黄金时代。韩集中颇多类似小说之作。《石鼎联句诗并序》(《昌黎先生文集》卷二一)及《毛颖传》皆其最佳例证。前者尤可云文备众体，盖同时史才、诗笔、议论俱见也。要之，韩愈实与唐代小说之传播具有密切关系。今之治中国文学史者，安可不于此留意乎？

寅恪世丈此篇为研究李唐文学之一重要文献。原稿系以中文撰作，由 J. R. Ware 博士译成英文，发表于一九三六年四月出版之 *Harvard Journal of Asiatic Studies*(《哈佛亚细亚学报》)第一卷第一期，距今逾十年矣。原稿在国内迄未刊布，故承学之士鲜得见者。兹加重译，以实本刊。Ware 博士于吾华文学，所知似不甚深，故英译颇有疏失，行文亦间或费解。如“涉闻梓旧”，本清蒋光煦所刻丛书之名，乃译作 Shê-Wên Edition of An Old Copy，可见其一斑矣。今悉随文改正，不更标举。其附注原列每叶下方者，兹改为子注，移入正文，所标引书叶数，亦从省略。皆准寅丈平日行文之例也。译成，承友人金克木先生校正，谨此致谢。

程会昌(千帆)译

(原载一九四七年七月《国文月刊》第五十七期)

坊本《建炎以来系年要录》跋

辛巳冬无意中于书肆廉价买得此书。不数日而世界大战起，于万国兵戈饥寒疾病之中，以此书消日，遂匆匆读一过。昔日家藏殿本及学校所藏之本，虽远胜于此本之讹脱，然当时读此书犹是太平之世，故不及今日读此之亲切有味也。

辛巳岁不尽四日青园翁寅恪题

蒋天枢按：此短跋为师于民国三十年（一九四一）困居香港时作。未收入集，恐师后亦久忘有此跋矣。时师已受英国牛津大学汉学教授之聘，将候轮赴英讲学，而当年阳历十二月七号日本占领珍珠港，太平洋战争爆发。先生挈全家困居九龙极僻仄之小室，所云“于万国兵戈饥寒疾病之中”，纪实也。此所谓“坊本”，商务印书馆《国学基本丛书》排印本也。

大千临摹敦煌壁画之所感

寅恪昔年序陈援庵先生《敦煌劫余录》，首创“敦煌学”之名。以为一时代文化学术之研究必有一主流，敦煌学今日文化学术研究之主流也。凡得预此潮流者，谓之“预流”，近日向觉明先生撰《唐代俗讲考》，足证鄙说之非妄。自敦煌宝藏发见以来，吾国人研究此历劫仅存之国宝者，止局于文籍之考证，至艺术方面，则犹有待。大千先生临摹北朝唐五代之壁画，介绍于世人，使得窥见此国宝之一斑，其成绩固已超出以前研究之范围，何况其天才特具，虽是临摹之本，兼有创造之功，实能于吾民族艺术上别辟一新境界。其为“敦煌学”领域中不朽之盛事，更无论矣。故欢喜赞叹，略缀数语，以告观者。

三十三年一月二十一日　陈寅恪

（原载《张大千临摹敦煌壁画展览特集》，一九四四年四月）

『对对子』意义——陈寅恪教授发表谈话

（前略）关于国文题对对作文之意义，经中国文学系教授陈寅恪先生发表谈话如后：

今年国文题之前两部，对对子及作文题，皆我（陈先生自称）所出，我完全负责，外面有人批评攻讦，均抓不着要点，无须一一答复，将来开学后，拟在中国文学会讲演出题用意及学理，今暂就一二要点谈其大概。入学考试国文一科，原以测验考生国文文法及对中国文字特点之认识。中国文字固有其种种特点，因其特点之不同，文法亦不能应用西文文法之标准，盖中文文法属于"西藏缅甸系"而不属于"Indo-European"系也。国文完善的文法成立，必须经过与西藏缅甸系文法作比较的研究。现在此种比较的研究不可能，文法尚未成立，"对对子"即是最有关中国文字特点，最足测验文法之方法。且研究诗、词等美的文学，对对亦为基础知识。出对子之目的，简言之，即测验考生（1）词类之分辨：如虚字对虚字，动词对动词，称谓对称谓，代名词形容词对代名词形容词等；（2）四声之了解：如平仄相对求其和谐；（3）生字（vocabulary 大小）及读书多少：如对成语，须读书（诗词古文）多，随手掇拾，俱成妙对，此实考生国学根底及读书多少之最良试探法；（4）思想如何：妙对巧对不惟字面上平仄虚实尽对，"意思"亦要对工，且上下联之意要"对"而不同，不同而能合，即辩证法之"一正，一反，一合"。例如后工字厅门旁对联之末有"都非凡境"，"洵是仙居"字面对得甚工，而意思重复，前后一致，且对而不反，亦无所谓合，尚不足称为妙对。如能上下两联并非同一意思，而能合起成一文理，方可见脑筋灵活，思想高明。基上所述，悉与国文文法有密切之关系，为最根本，最方便，最合理之测验法无疑。评判标准，即基前项，(一)文法方面，如平仄虚实词类之对否，(二)意思对工与不工，及思想如何。分数则仅占百分之十，倘字面对工，意思不差，可得十分；若文法恰好，巧合天成，可得四十分；即完全不对，亦不过扣国文总分百分之十，是于提倡中已含体恤宽待之意。其所以对对题中有较难者，实为有特长之考生预备。有人谓题中多绝对，并要求主题者宣布原对，吾意不然：题对并无绝对，因非悬案多年，无人能对者，中国之大，焉知无人能对？若主题者自己拟妥一对，而将其一联出作考题，则诚有"故意给人难题作"之嫌；余不必定能对，亦不必发表余所对。譬诸作文，主题者，亦须先作一篇，然后始能出该题乎？文尚如此，诗词对对之流，更不能自作答案，俨然作为标准。青年才子甚多，益无庸主题者发表原对。现在国文考卷，尚有少许未完，且非尽我一人评阅，但就记忆所及，考生所对之较好者可提出一二。对"孙行者"有"祖冲之""王引之"，均三字全对，但以王引之为最妙，因引字胜于冲字，王字为姓氏且同时有祖意——如王父即祖父之意——是为最佳。对"少小离家老大回"无良好者，记得有一考生以"匆忙入校从容出"尚可。中国文学研究所三言对"墨西哥"，字少而甚难，完全测人读书多少，胸中有物与否，因读书多，始能临时搜得专名词应对。某生对"淮南子"，末二字恰合，已极难得。关于"梦游清华园记"作文题，多人误会以为系夸耀清华之风景与富丽，或误解为叙事体游记，其浅薄无聊，殊属可笑。盖所谓梦游云者，即测验考生之想象力 imagination 及描写力，凡考本校生总对本校有相当猜想，若不知实际情形，即可以

“空中楼阁”地写去。这题换句话说，就是“理想中的清华大学”。再，考者欲入大学，当必有一理想中的大学形状景物。我所以不出“理想中之清华大学”或“梦游清华大学”者，乃以写景易而描写学校组织、师生、课业状况较难，美的描写易而写实较难。近数年来，已将“求学志愿”“家乡”“朋友”“钓鱼”等题用尽，似此种题实新颖、简单、美妙、自由，容易之至，我以为那题很好。而有人仍发怨言者，想系入清华之心过切，或因他故而生忌嫉之感，不足介意。

（原载民国二十一年八月十七日《清华暑期周刊》第六期）

清谈与清谈误国

清谈一事，虽为空谈老庄之学，而实与当时政治社会有至密之关系，决非为清谈而清谈，故即谓之实谈亦无不可。

曹孟德以微贱出身，遽登高位，是以不重名教，惟好词章。至司马氏篡魏，而名教与自然之争以起。盖司马氏本来东汉世家，极崇名教，故佐司马氏而有天下者如王祥等，皆以孝称。晋律，亦纯为儒家思想，非若汉律之自有汉家家法也。至是，凡与司马氏合作者，必崇名教；其前朝遗民不与合作者，则竞谈自然，或阴谋颠覆。此二者虽因政治社会立场各异，有崇名教与尚自然之分，而清谈实含有政治作用，决非仅属口头及纸上之清谈，从可知矣。

竹林七贤，清谈之著者也。其名七贤，本《论语》“贤者避世”“作者七人”之义，乃东汉以来，名士标榜事数之名，如三君、八厨、三及之类。后因僧徒“格义”之风，始比附中西，而成此名。所谓“竹林”，盖取义于内典之 Veṇu-vana，非其地真有此竹林，而七贤游谈其下也。《水经注》中所引竹林古迹，乃后人附会之说，不足信。

七贤中之嵇康，为一绝对之清谈人物。其与山涛绝交，即因涛为司马氏宗室与卒出山林而仕。其所以见杀，则由与魏宗室有婚姻之好，而又“非汤武薄周孔”，为崇名教之司马氏所不容也。

阮籍虽一行作吏，口不论人过，而仍几不免为何曾所欲杀者，即由不孝得罪名教故也。

凡此，皆名教自然之事，有以致之。至王戎、王衍，遂思调和此二者，而使名教与自然同一。故戎（或衍）问阮修（或瞻）：“圣人贵名教，老庄明自然，其旨同异？”阮答以“将无同”，王即辟为掾，时人谓之“三语掾”。自是，名士多以清谈猎取高官，高官好以清谈附庸名士，而清谈误国者，遂比比皆是矣。故此时清谈，一以自然为体，名教为用，自然为本，名教为末。即散见诗文者，亦莫不歌咏自然与名教为同一也。

嵇绍，嵇康子。欲为仕，以询山涛。涛答以“天地四时，犹有消息，况于人乎！”意即谓“天可变节，人亦可变”。易言之，即自然可与名教同一也。其后裴希声撰《嵇侍中碑》云：“忠孝，非名教之谓也，孝敬出于自然。”与谢灵运诗：“事为名教用，道以神理超。”皆是此意。至经史家则惟袁宏《后汉纪》好言自然与名教同一；若范宁、杜预，则俱重春秋名分，故范宁尝谓“王何之罪，浮于桀纣”也。

降至东晋末，清谈之风稍戢。惟北朝河西，仍存西晋遗风。盖由其地较为安全，故西晋名士之未能南渡者，多乐往归焉。

陶渊明之好自然，则为不欲与刘宋合作。其思想之最后发展，可于《形影神》诗中见之：形曰养身，重自然也；影言立善，贵名教也；神则谓二者皆非，任化而已。其非自然亦非名教之旨，实可代表当日思想演变之结束，自后遂无复有此问题矣。虽渊明别有一新自然说，然仍可以之为主张自然说者也。

总之，清谈之与两晋，其始也，为在野之士，不与当道合作；继则为名士显宦之互为利用，以图名利兼收而误国。故清谈之始义，本为实谈；因其所谈，无不与当日政治社会有至密切之关系。其后虽与实际生活无关，仍为名士诗文中不可不涉及者，学者固不可以其名为清谈而忽之也。

一九四三年七月陈寅恪讲于坪石中大，张为纲记笔记附言：

本篇系民国三十二年七月陈寅恪先生在坪石中大文科研究所所讲之两个专题之一。记者幸得参听末座，遂就兴之所至，为之略记一二。以非专于此道，又未经陈先生过目，故未尝敢以示人。然友好中知有斯稿者，每从而索阅，实不胜其烦。乃特为誊正，公诸世人，或亦治史者所乐读也。……

关于王戎或王衍问阮修或阮瞻此一问题，陈氏则谓："此个性之真实虽不可知，但通性之真实则可推定，治史者固不必斤斤于此也。"

三十七、九、二十、石牌

（原载一九四九年一月二十六日《星岛日报》）

五胡问题及其他

五胡，谓五外族。胡本匈奴(Huna)专名，去“na”著“Hu”，故音译曰胡，后始以之通称外族。五胡与十六国，本两观念，决不可并为一谈。盖十六国非尽胡人，而亦有汉人在内也。

近人缪凤林氏据苻坚与姚苌语“五胡次序，无汝羌名”，遂谓“五胡无羌”，非是。盖不知“五胡次序”乃图谶名，“汝”系单数人称代词，“羌”为姚苌之代称；意即谓“图谶中，并无汝姚苌名”也。王国维氏谓“匈奴人高鼻深目”，亦非。盖汉司马迁、班固作《史记》《汉书》时，必获见匈奴，乃竟无一语及此；而只言乌孙以西人高鼻多须，对匈奴非高鼻深目可知。更证以霍去病墓中掘出匈奴石像，仅两颧甚高，益信匈奴非高鼻深目矣。

近人吕思勉氏谓：“羯，匈奴别种。”想缘“别部”一词而误。不知“别部”非谓别种，乃言别一部落也。

羯人石姓，系以居石国得名。又称柘羯，柘亦石也。近人吕思勉氏以石勒，上党羯室人，遂谓羯族之称因羯室而名，不知羯名早见于《史记·货殖传》；“室”，乃羯语“居住”之义，犹泥壤木简佉卢文中Cinstan(即震旦)之stan也。明乎此，则知羯乃族称在先，而以作地名为后起，非羯因羯室而有此族称，乃羯室因羯族而始被此羯名也。

羯人与欧罗巴人为同种，其语言亦属印欧语族，尤以数词与拉丁文近，仅“万”字系自汉语借入，读若Tman，此由汉语“万”，古本为复辅音，如“趸”“迈”二字声母之别为“T”“M”，即系由此分化而成。今藏文“亿”为Hman(疑《星岛日报》所载Hman有误)，“H”即“T”声变；俄语“万”则又自蒙古语Tomen间接输入者也。

或谓鲜卑人须发皆黄色者，想系指其别部丁零而言。因鲜卑语与蒙古语近，自不无同族关系。然其别部丁零，固有黄发者，则谓鲜卑为黄发儿，当即指其别部丁零而言无疑。

氐人汉化较高，能操汉语。羌人稍低，惟识羌言。故虽氐人时诋羌人，究其分别，非缘种族有异，而实文化不同耳。

至苻坚之所以必南征淝水，与魏孝文之必迁都洛阳，则皆由其时种族复杂，非借高深之汉化，无以收统治融洽之效；欲收统治融洽之效，非取得中原正统所在地，即无以厌服人心而奄有天下故也。

一九四三年七月陈寅恪讲于坪石中大，张为纲记

（原载一九四九年四月三日《星岛日报》）

评吴宓诗三则

雨生《落花诗》评

《落花诗》八首之总评：(一)中有数句，不甚切落花之题。(二)间有词句，因习见之故，转似不甚雅。后四首较前半更佳。略有数字微伤不雅，如罡风孽债之类，最好均避去不用为妥。大约作诗能免滑字最难。若欲矫此病，宋人诗不可不留意。因宋人学唐，与吾人学昔人诗，均同一经验，故有可取法之处。尊意如何？总之，后四首甚好，远胜前四首。此上宜再加修改。然中有数句甚妙，后四首气势尤佳，大约用原意而将词句再修饰一番，即可称完善之作。

民国十七年六月

（原载《吴宓诗集》，民国二十四年五月）

评吴宓《忏情诗》

直抒胸臆，自成一家。自忏，即所以自解，正不必别求解人也。

评吴宓《梦觉诗》

大作唯音韵有小疵，似可更易。其余字句不必改动。又柳下似身分不合，若易他事更佳。

一九四〇年

学生论文评语四则

刘锺明大学毕业论文《有关云南之唐诗文》评语

此论文范围甚狭，故所收集之材料可称完备，且考证亦甚审慎。近年清华国文系毕业论文中，如此精密者尚不多见，所可惜者，云南于唐代不在文化区域之内，是以遗存之材料殊有制限，因之本论文亦不能得一最完备及有系统结论。又，本论文标题“有关”二字略嫌不妥，若能改易尤佳。

寅恪　民国廿五年六月十一日

（评定成绩：八十七分）

张以诚大学毕业论文《唐代宰相制度》批语

大体妥当，但材料尚可补充，文字亦须修饰。凡经参考之近人论著，尤宜标举其与本论文之异同之点，盖不如此，则匪特不足以避除因袭之嫌，且无以表示本论文创获之所在也。

民国廿五年六月十六日

（评定成绩：七十八分）

李炎全学士论文《李义山无题诗试释》评语

李商隐“无题诗”自来号称难解，冯浩、张尔田二氏用力至勤，其所诠释仍不免有谬误或附会之处。近有某氏专以恋爱诗释之，尤为武断。此论文区分义山“无题诗”为三类，就其可解者解之为第一、第二类。其不易解者则姑存疑，列于第三类，守“不知为不知”之古训，甚合治学谨慎之旨。其根据史实驳正某氏之妄说，诚为定论。又于冯、张二氏之说，亦有所匡补。近年李赞皇家诸墓石出土，冯、张二氏大中二年义山巴蜀游踪之假设，不能成立，“万里风波”一诗始得有确诂。此关于材料方面今人胜于前人者也。唐代党争，昔人皆无满意之解释，今日治史者以社会阶级背景为说，颇具新意，而义山出入李、刘（牛），卒遭困厄之故，亦得通解。此关于史学方面今人又较胜于古人者也。作者倘据此二点立论，更加推证，其成绩当益进于此。又第二类中仍有未能确定者，此则材料所限制，无可如何，惟有俟诸他日之发见耳。

一九五〇年六月十五日（陈寅恪印）

（评定成绩：八十六分）

某学生论文评语

（一）论文中所引《通鉴纪事本末》，须改用《资治通鉴》原书卷数。又，引用材料需加以分别，不可两书混在一起。

（二）李商隐《风雨》诗，须注明在《李义山诗集》上。此诗之解释乃是我个人的见解，从前没有人如此说过，亦须注出我的名字。

（三）论文要有创见，文字不必太长。此论文中句逗间有错误，词语亦有未妥者，故须更求精简。

以上三点看似小节，但初作论文时，若不注意，则此类缺点将来不易改正。

陈寅恪　一九五七年五月

（评定成绩：及格）

关于黄萱先生的工作鉴定意见

（一）工作态度极好。帮助我工作将近十二年之久，勤力无间，始终不懈，最为难得。

（二）学术程度甚高。因我所要查要听之资料全是中国古文古书，极少有句逗，即偶有之，亦多错误。黄萱先生随意念读，毫不费力。又如中国词曲长短句，亦能随意诵读，协合韵律。凡此数点，聊举为例证，其他可以推见。斯皆不易求之于一般助教中也。

（三）黄先生又能代我独立自找材料，并能供献意见修改我的著作缺点，及文字不妥之处。此点尤为难得。

总而言之，我之尚能补正旧稿，撰著新文，均由黄先生之助力。若非她帮助，我便为完全废人，一事无成矣。

上列三条字字真实，决非虚语。希望现在组织并同时或后来读我著作者，深加注意是幸。

陈寅恪提（六四、四、二十七）

（原载《书谱》一九八五年第六期一一卷）

对科学院的答复

我的思想，我的主张完全见于我所写的《王国维纪念碑》中。王国维死后，学生刘节等请我撰文纪念。当时正值国民党统一时，立碑时间有年月可查。在当时，清华校长是罗家伦，他是二陈（CC）派去的，众所周知。我当时是清华研究院导师，认为王国维是近世学术界最主要的人物，故撰文来昭示天下后世研究学问的人。特别是研究史学的人。我认为研究学术，最主要的是要具有自由的意志和独立的精神。所以我说“士之读书治学，盖将以脱心志于俗谛之桎梏”。“俗谛”在当时即指三民主义而言。必须脱掉“俗谛之桎梏”，真理才能发挥，受“俗谛之桎梏”，没有自由思想，没有独立精神，即不能发扬真理，即不能研究学术。学说有无错误，这是可以商量的，我对于王国维即是如此。王国维的学说中也有错的，如关于蒙古史上的一些问题，我认为就可以商量。我的学说也有错误，也可以商量。个人之间的争吵，不必芥蒂。我、你都应该如此。我写王国维诗，中间骂了梁任公，给梁任公看，梁任公只笑了一笑，不以为芥蒂。我对胡适也骂过。但对于独立精神，自由思想，我认为是最重要的，所以我说“唯此独立之精神，自由之思想，历千万祀，与天壤而同久，共三光而永光”。我认为王国维之死，不关与罗振玉之恩怨，不关满清之灭亡，其一死乃以见其独立自由之意志。独立精神和自由意志是必须争的，且须以生死力争。正如词文所示，“思想而不自由，毋宁死耳。斯古今仁贤所同殉之精义，夫岂庸鄙之敢望”。一切都是小事，惟此是大事。碑文中所持之宗旨，至今并未改易。

我决不反对现在政权，在宣统三年时就在瑞士读过《资本论》原文。但是我认为不能先存马列主义的见解，再研究学术。我要请的人，要带的徒弟都要有自由思想，独立精神。不是这样，即不是我的学生。你以前的看法是否和我相同我不知道，但现在不同了，你已不是我的学生了。所有周一良也好，王永兴也好，从我之说即是我的学生，否则即不是。将来我要带徒弟，也是如此。

因此，我提出第一条："允许中古史研究所不宗奉马列主义，并不学习政治。"其意就在不要有桎梏，不要先有马列主义的见解，再研究学术，也不要学政治。不止我一人要如此，我要全部的人都如此。我从来不谈政治，与政治决无连涉，和任何党派没有关系。怎样调查，也只是这样。

因此，我又提出第二条："请毛公或刘公给一允许证明书，以作挡箭牌。"其意是毛公是政治上的最高当局，刘少奇是党的最高负责人。我认为最高当局也应和我有同样看法，应从我之说，否则，就谈不到学术研究。

至如实际情形，则一动不如一静，我提出的条件，科学院接受也不好，不接受也不好。两难。我在广州很安静，做我的研究工作，无此两难。去北京则有此两难。动也有困难。我自己身体不好，患高血压，太太又病，心脏扩大，昨天还吐血。

你要把我的意见不多也不少地带到科学院。碑文你带去给郭沫若看。郭沫若在日本曾看到我的《〔挽〕王国维诗》。碑是否还在，我不知道。如果做得不好，可以打掉，请郭沫若来做，也许更好。郭沫若是甲骨文专家，是"四堂"之一，也许更懂得王国维的学说。那么我就做韩愈，郭沫若就做段文昌，如果有人再做诗，他就做李商隐也很好。我〔写〕的碑文已流传出去，不会湮没。

陈寅恪口述，汪篯记录，一九五三年十二月一日

（副本存中山大学档案馆）

《陈寅恪合集》补记

一九六七年四月二日，陈寅恪在由唐贺代笔的《我的声明》中说："我生平没有办过不利于人民的事情。我教书四十年，只是教书和著作，从未实际办过事。"[《陈寅恪先生编年事辑》(增订本)一九六七年谱]可见在陈寅恪的心目中，教书是他的第一使命，著作次之。

据陈寅恪的女儿回忆："父亲去课堂授课，不提皮箧或书包，总用双层布缝制的包袱皮包裹着书本，大多是线装书。用不同颜色的包袱皮儿，以示不同类别的书籍。工作归来，通常仍会伏案至深夜。我们长大后，父亲多次对我们说，即使每年开同以前一样的课程，每届讲授内容都必须有更新，加入新的研究成果、新的发现，绝不能一成不变"；"父亲备课、上课发给学生的讲义主要是讲授时援引的史料原文，这些史料都是从常见史书中所摘取，至于如何考证史料真伪，如何层层剖析讲解这些材料而不断章取义、歪曲武断，做到水到渠成地提出他的观点，则全装在自己脑中，未见他写过讲稿"。(《也同欢乐也同愁》)陈氏著作的雏形大多形成于其教学过程，基本是他在教学之余积累撰写的。

西南联大外文系学员许渊冲旁听过陈寅恪先生的讲课，他在晚年回忆道："他说研究生提问不可太幼稚，如'狮子颌下铃谁解得'，解铃当然还是系铃人了(笑声)。问题也不可以太大，如两个和尚望着'孤帆远影'，一个说帆在动，另一个说是心在动，心如不动，如何知道帆动(笑声)？心动帆动之争问题就太大了。问题要提得精，要注意承上启下的关键，如研究隋唐史要注意杨贵妃的问题，因为'玉颜自古关兴废'嘛。"(《追忆似水年华》)可见治学严谨的陈寅恪在授课时也不失幽默。

一九四六年，双眼失明的陈寅恪重返清华大学，梅贻琦校长专门为陈氏配备了三名助手，王永兴为其中一位。据王永兴回忆，梅校长派历史系主任雷海宗先生来看老师，“劝他暂不要开课，先休养一段时间，搞搞个人研究。寅恪先生马上说：‘我是教书匠，不教书怎么能叫教书匠呢？我要开课，至于个人研究，那是次要的事情。我每个月薪水不少，怎么能光拿钱不干活呢？’当时我站在老师身旁，看到老师说这些话时虽是笑着，但神情严肃且坚决”。(《纪念陈寅恪教授国际学术讨论会文集》)

一九五〇年，岭南大学的及门弟子胡守为选修了陈寅恪所开“唐代乐府”一课，学生仅他一人。胡守为回忆说：“陈先生绝不因为选课学生的多少影响他的讲课质量。令我尤为感动的是，当时夏天他身着唐装在助手协助下在楼下工作，每当学生到家里听课，他都要自拄杖扶梯缓步上楼改换夏布长衫，然后才下来上课”；“这件事对我教育很深，这就是为人师表啊！”(同上)

一九六七年，“文化大革命”高潮期间，“本年底红卫兵要抬先生去大礼堂批斗，师母阻止，被推倒在地。结果，由前历史系主任刘节代表先生去挨斗。会上有人问刘有何感想，刘答：我能代表老师挨批斗，感到很光荣！”[《陈寅恪先生编年事辑》(增订本)一九六七年谱]

蒋天枢，清华研究院三期学员，陈寅恪晚年最知心的弟子。一九六四年五六月间陈寅恪向蒋天枢作了一生事业的“生命之托”，即将其晚年编定的著作整理出版全权委托蒋天枢。陈寅恪赠诗云：

“草间偷活欲何为，圣籍神皋寄所思。拟就罪言盈百万，藏山付托不须辞。”(《陈寅恪诗集》)蒋天枢没有辜负恩师的重托。他晚年放弃了自己学术成果的整理，全力校订编辑陈寅恪遗稿，终于在一九八〇年出版了近二百万言的《陈寅恪文集》，此《文集》基本保持了陈寅恪生前所编定的著作原貌。

我们选编的这套《陈寅恪合集》，正是以蒋天枢先生编辑的《陈寅恪文集》为底本略作调整而成。在此套《合集》付梓出版之时，谨向蒋先生致以崇高敬意。

二〇一九年十月江奇勇补记

本《合集》以“经纬陈寅恪，走进陈寅恪”为选编宗旨，以为“更多读者接近陈寅恪，阅读其著，体悟其思”提供好版本为目标。《合集》中“史集”与“别集”的区分，体现其编排的独创性，符合《著作权法》第十四条之规定，其著作权由汇编人享有。汇编过程中，我们并不是简单地将繁体字竖排转换为简体字横排。而是勘对底本文字，径改文字讹误，异体字改通行正字；对底本的原标点做必要的调整，尽可能全面、正确地添加书名号。其汇编过程亦整理过程：无论是繁体字转简体字、异体字改通行正字，还是添加书名号，均耗时费力考籍核典，殚精竭虑决定取舍，以尽其意，以求准确。其汇编过程中产生的整理权符合《著作权法》第十二条之规定，其著作权由整理人享有。本《合集》的汇编作品著作权和整理权均受法律保护，不容他人侵犯，特此声明。

二〇二〇年元日又补